성장하는 리더를 위한 화법 필독서

메시지의 품격

성장하는 리더를 위한 화법 필독서

메시지의 품격

초판 1쇄 2024년 4월 15일

| 발 행 일 | 2024년 4월 15일
| 지 은 이 | 손창훈, 권현지
| 디 자 인 | 이 현
| 펴 낸 이 | 김경민
| 펴 낸 곳 | (주)가인지북스

| 출판등록 | 2016년 12월 22일 제2022-000252호
| 주   소 | 서울시 마포구 토정로 16 2층 가인지벙커
| 전   화 | T. 02) 337-0691
| 팩   스 | T. 02) 337-0691
| 홈페이지 | www.gainge.com
| 이 메 일 | gainge.cs@gainge.com
| I S B N | 979-11-91662-16-0 (13320)

* 파본이나 잘못된 책은 구입하신 곳에서 교환해 드립니다.
* 이 책의 저작권은 가인지컨설팅그룹에 있습니다.
   이 책 내용의 전부 또는 일부를 재사용하려면 반드시 서면 동의를 받아야 합니다.
* 이 도서의 국립중앙도서관 출판예정도서목록(CIP)은
   서지정보유통지원시스템 홈페이지 (http://seoji.nl.go.kr)와
   국가자료공동목록시스템(http://www.nl.go.kr/kolisnet)에서 이용하실 수 있습니다.

값 18,000원

the dignity of message

메시지의 품격

성장하는 리더를 위한 화법 필독서

손창훈 권현지 지음

The Dignity of Message

Prologue

인어공주도 입장불가

9월의 뜨거운 여름이었다. 한강공원을 산책하고 있던 중 눈에 띄는 현수막을 보았다. 2m 길이쯤 되어 보이는 현수막에는 이렇게 적혀 있었다.
'인어공주도 입장불가'
순간 미소가 떠올려졌다. 인어공주도 입장불가? 재밌네. 이런 재밌는 문구들을 보면 지나칠 수가 없다. 자세히 알아보니 한강공원에 써 있던 문구는 서울시에서 진행한 '친절한 서울씨' 프로젝트의 일환이었다.

이 지역은 입장불가 구역으로 '수영을 일체 금합니다'에서 '인어공주도 입장불가'로 바뀌었다고 했다. '수영금지'라는 메시지를 직설적으로 표현하기보다 조금 더 친절하고 유머를 섞어 만든 메시지였다. 보는 이로 하여금 미소가 지어지는 표현이다. 일반적으로 행동 규범에 대한 공지문에는 '주차금지, 낚시금지, 금연' 등 '금지'라는 표현을 주로 사용하곤 한다. 또한 이를 어겼을 경우 '흡연 시 과태료 10만원 부과'와 같이 매우 강압적이고 권위적인 표현을 사용해 온 것을 볼 수 있다. 일상적으로 길에서 마주하는 메시지는 사회와 사람들의 소통의 매개가 된다. 그런데 몇몇 메시지들의 표정을 보면 뿔이 난 채 호통을 치는 듯하다. '인어공주도 입장불가'의 메시지에서 내가 발걸음을 멈춘 이유는 권위적이고 무뚝뚝한 메시지가 아닌 친절함과 유머가 섞인 메시지였기 때문이다. 이후에도 더 찾아보니 '낚시금지'는 '물고기 안전지대'로,

'월요일은 휴관입니다'라는 도서관의 안내문은 '월요일은 도서관도 산책 중'으로, 흡연금지구역에선 '담배 한 개비에 10만원'으로 서울시내 한강공원과 광장에 있는 경고문들이 친절하고 유머러스한 문구들로 바뀌었다고 한다.

그 외에도 한강공원 내에서 애완견과 산책할 때 주의사항을 알리는 입간판에는 '목줄·인식표 부착, 배설물 수거 꼭 지킵시다'라고 적혀 있던 메시지가 새로 바뀐 입간판에는 '반려동물과 한강공원을 기분 좋게 산책하는 방법'이라고 안내하고 귀여운 강아지 그림으로 금지사항을 표시했다고 한다.

공원 내 쓰레기 투기금지 문구는 기존의 '가져오신 음식물 쓰레기는 반드시 수거해 되가져가 주십시오' 대신 '나를 버리고 가시는 님은 십리도 못가 발병 난다. 음식물 쓰레기 올림'이라고 바뀌었다.

서울시가 일방적이고 지시적인 문구로 시민들의 눈살을 찌푸리게 했던 안내문과 경고문을 친근하게 바꾸는 과정은 참 재미있었다. 메시지 안에 그 시대의 시선과 친절함 그리고 유머를 포함시키는 것. 이런 메시지에는 사람들의 행동을 변화시키는 힘이 있다고 생각한다.

앞서 말한 '친절한 서울씨' 프로젝트를 통해 메시지의 품격이 있다는 사실을 깨달았다. 그리고 '품격 있는 메시지는 사람의 행동은 물론 경영 현장을 변화시킬 수 있다'라는 믿음이 생겼다. 그리고 이 책을 쓰게 되었다. 어떻게 하면 메시지의 품격이 우리의 일상에 적용될 수 있을까? 특히 하루 중 8시간 이상을 보내는 직장생활에서 수없이 오고 가는 메시지들에 품격이 더해진다면 얼마나 좋을까? 라는 생각과 함께 이 책을 쓰게 되었다.

이 책은 손창훈, 권현지 컨설턴트가 함께 쓴 책이다. 언더백(100인 이하 사업장) 기업의 교육과 코칭, 컨설팅을 통해 얻은 실제 현장 사례가 녹여져 있는 책이다. 특히 팀원들로부터 탁월함을 넘어 사랑받는 리더들의 공통점을 연구하고 분석하여 실제 메시지 형태로 풀이해 놓았다. 매 강마다 언어역량의 중요성을 사례로 나눈다. 또한 일터와 가정 그리고 일상 속에서 마주하는 상황들을 제시하고 함께 배울 수 있는 품격 있는 메시지들을 준비했다.

특히 2강의 경우 입사 첫날, 입사 3개월, 1년, 승진의 순간 그리고 퇴사의 순간까지 직장생활의 여정을 그려 놓았다. 실제로 직원 퇴사의 결정적 순간을 형성하는 것이 동료의 상처주는 말이라는 조사도 있다. 상처주는 말을 초월하여 사랑을 표현하는 말들이 넘쳐나기를 바란다. 그만큼 직원여정의 중요한 순간들이 있다. 그 순간들이 더욱 빛날 수 있도록 그 순간에 오고 가는 메시지에 품격을 더하고 싶었다. 일터에서는 다양한 상황을 마주한다. 그 상황마다 품격이 더해진 메시지가 누군가에게는 잊지 못할, 빛나는 장면으로 새겨진다는 사실 또한 나누고 싶다.

'말 한마디가 천냥 빚을 갚을 수 있다'는 아주 유명한 속담처럼 말 한마디에 품격이 더해져 바쁘고 지칠 법도 한 일터 현장 속에 미소와 웃음이 새어 나오기를 기대한다. 일하는 즐거움과 보람, 그리고 성장을 경험하는 행복한 일터가 되기를 바란다. 그것이 이 책이 지향하는 목적이다.

2024년 4월 따듯한 합정에서

Contents

Prologue : 인어공주도 입장불가   006

1강
탁월한 리더의 메시지에는 품격이 있다

1장. 고부가가치 조직이 될수록 언어역량이 중요하다   019
2장. 탁월한 리더는 언어를 통해 상대방의 힘을 각성시킨다   027
3장. 리더의 긍정화법은 심리적 안전감을 만든다   039

2강
직장생활, 상황별 메시지의 품격

1장. 입사 첫날 마음을 사로잡는 메시지의 품격   059
   "따뜻하게 마음을 녹이다" 입사 첫날 아침을 여는 메시지   060
   "가슴이 뛰는 미션과 비전" 점심식사 메시지   066
   "3개월 동안 뭘 해야 할지 보인다" 목표가 선명해지는 메시지   071
   "격려를 선물하세요" 퇴근 시 심리적 안전감을 만드는 메시지   076

2장. 입사 3개월/1년 소속감을 높이는 메시지의 품격　　　　079

"90일 완주를 축하합니다" 입사 3개월을 축하하는 메시지　　　080
"강점으로 성과 내게 돕는다" 업무 피드백에 대한 메시지　　　083
"성장 로드맵을 그리다" 성장 방향성의 메시지　　　087

3장. 승진 시 명예와 자부심을 높이는 메시지의 품격　　　　091

"명예와 자부심이 드러나는" 승진을 축하하는 메시지　　　092
"이제는 동료의 성장을 이끌어야 합니다" 리더십을 강조하는 메시지　　　095
"승진 후 3개월의 성과목표를 정하다" 도전적 목표의 메시지　　　097
"공감을 형성합시다" 연봉 재계약 메시지　　　100

4장. 리더가 되어 대내외적인 소통할 때의 메시지의 품격　　　　104

"특별한 가치를 고객에게 선물하는 MD입니다." 가치를 더하는 메시지　　　104
"저는 3가지를 나누겠습니다." 숫자로 말하는 메시지　　　107
"우리 회사의 성장은 마라톤과 같습니다." 비유를 사용하는 메시지　　　110

5장. 퇴사 시 웃으며 마무리하는 메시지의 품격　　　　113

"그동안 애써주어 고맙습니다." 인정과 감사의 메시지　　　114
"더 나은 회사, 리더가 되려면?" 발전의 메시지　　　117
"서로에게 자랑거리가 됩시다." 다짐과 응원의 메시지　　　121
"100점에서 120점으로 간다면?" 지지적 피드백의 메시지　　　123

3강
뭐라고 말해야 할지 애매한 상황, 메시지의 품격

- 신규 입사자 첫 출근 시   *129*
- 신규 입사자와의 1:1미팅   *130*
- 신규 입사자와의 식사   *132*
- 신규 입사자 퇴근 시   *133*
- 주도성을 갖게 하고 싶을 때   *134*
- 직원이 새로운 도전을 두려워할 때   *136*
- 목표를 점검할 때   *137*
- 목표달성이 되지 않을 때   *138*
- 예상된 시간보다 결과물이 늦어졌을 때   *140*
- 교정적 피드백을 한 이후   *141*
- 고충 상담 시   *142*
- 사건을 조사할 때   *144*
- 징계 또는 경고할 때   *145*
- 잦은 지각/조퇴하는 직원에게   *146*
- 직원에게 부서이동을 통보하는 경우   *148*
- 직원이 부서이동에 대한 불만을 이야기할 때   *149*

- 부서 이동을 하는 직원에게 격려해주는 상황　　　　　　　*150*
- 직원이 타 부서에 관심이 있다는 것을 알았을 때　　　　*152*
- 승진식 때 경영자의 연설　　　　　　　　　　　　　　　*153*
- 승진한 직원들을 격려할 때　　　　　　　　　　　　　　*155*
- 승진 탈락 소식을 전할 때　　　　　　　　　　　　　　　*156*
- 연봉 재계약 대화를 시작할 때　　　　　　　　　　　　　*158*
- 연봉 인상을 알릴 때　　　　　　　　　　　　　　　　　*159*
- 연봉 동결을 알릴 때　　　　　　　　　　　　　　　　　*160*
- 연봉 인상을 요구할 때　　　　　　　　　　　　　　　　*162*
- 연봉 이의제기에 반려할 때　　　　　　　　　　　　　　*163*
- 업무 태도가 불량할 때　　　　　　　　　　　　　　　　*165*
- 사내 연애 이슈로 주위 직원들을 불편하게 만드는 경우　*166*
- 사내 성희롱 발생 이슈　　　　　　　　　　　　　　　　*167*
- 직원이 타인에게 불쾌감을 주는 상황　　　　　　　　　　*169*
- 직원의 욕설, 뒷담화, 불평 등의 이슈　　　　　　　　　　*170*
- 사내정치(편가르기)를 조장하는 직원　　　　　　　　　　*171*
- 개인의 문제로 인해 업무에 지장이 있는 경우　　　　　　*172*
- 명절 전후 직원들에게 할 말　　　　　　　　　　　　　　*174*
- 직원 가족의 투병, 이혼, 장례 등　　　　　　　　　　　　*175*
- 직원의 결혼과 임신, 출산　　　　　　　　　　　　　　　*177*

4강
우리 사회에서 보는 메시지의 품격

1장. "당신의 한 표가 미래를 바꿉니다" 정부의 메시지	*184*
2장. "오늘도 당신에게 일상의 행복을 배달 중입니다" 기업의 메시지	*189*
3장. "4,500명의 아이들이 매일 오염된 물로 목숨을 잃습니다." 비영리 단체의 메시지	*197*
4장. "야 너두 할 수 있어" 마케팅의 메시지	*203*
5장. "아빠는 언제나 너를 사랑한단다." 부모의 메시지	*209*
6장. "그런 생각하게 해서 미안해." 연인간의 메시지	*217*

5강
스토리의 힘, 메시지에 품격을 더하다

1장. 잔소리는 머릿속에 짧게 남고 스토리는 오래 남는다	*229*
2장. 스토리 구성 VSM 모델	*237*

Epilogue : 메시지의 품격은 삶으로 증명된다 　　　　　*242*

Appendix

- 스토리 구성 VSM 모델 　　　　　　　　　　　*246*
- 메시지에 품격을 더하는 10가지 체크리스트 　　　*250*

01

탁월한 리더의 메시지에는 품격이 있다

입술의 30초가 마음의 30년이 된다.
나의 말 한마디가 누군가의 인생을
바꿀 수 있다.

국민 MC 유재석

01

고부가가치 조직이 될수록
언어역량이 중요하다

대한민국은 열심히 일하는 것을 넘어 생산성 향상 및 고부가가치 산업으로의 확장을 경험하고 있다. 주변을 둘러보면 혁신적인 제품과 서비스를 제공하는 기업들이 늘어나고 있음을 목격할 수 있다. 단순히 제품을 생산하거나 서비스를 제공하는 것을 넘어 고유하고 가치 있는 것을 창출하고자 노력한다. 이러한 기업들은 '고부가가치 조직'으로 불리며, 이곳에서는 고객에게 더 큰 가치를 제공하는 방법에 대해 중요한 고민이 이루어진다. 특히 100인 이하의 중소기업 현장에서 컨설팅을 하며 이러한 변화를 더욱 깊이 느낄 수 있었다.

고부가가치 조직에서는 제품이나 서비스의 독특함과 가치가 중요하다. 이를 효과적으로 내외부에 전달하는 데에는 '언어'의 역할이 매우 크다. 무형의 가치를 언어로 전달하는 것은 세심한 고려가 필요한 작업이다. 언어는 소통과 아이디어 전달의 주요 수단으로, 고부가가치 조직에서는 이를 효율적으로 활용하는 것이 중요하다.

이러한 조직에서 리더의 언어 사용은 조직원 전체에 큰 영향을 미친다. 리더의 언어역량이 훈련되어야 효과적인 의사소통이 가능하다. 리더가 언어를 잘 활용하면 조직 내에서의 목표를 명확히 전달할 수 있고, 팀원 간의 협력과 소통이 원활해진다. 리더의 언어역량 향상은 콘텐츠 품질을 높이고 부가가치 창출에 기여한다. 특히 미션이 명확한 조직일수록 리더의 언어역량이 구성원을 한 방향으로 이끄는 큰 역할을 한다. 미션을 달성하기 위해 구성원의 마음을 얻어야 하며, 이 원동력으로 함께 달려갈 수 있다. 리더에게 품격 있는 언어란 대화의 목적을 기억하는 언어다. 구성원들에게 리더의 가치와 철학을 공유하고 목표에 대한 전략들을 나눌 때 의견이 다를 수 있다. 자연스러운 일이다. 다만, 모든 대화의 목적은 우리기업의 미션에 있어야 한다. 상대방을 이기는 언어보다 마음을 얻는 언어가 중요한 시대가 왔다. 대화의 목적을 기억하고 상대방의 마음을 얻는 대화를 해보기를 바란다. 리더의 언어역량이 조직 내 초월적 성공을 이끈다.

하버드비즈니스리뷰의 조엘 슈월츠버그에 따르면 "리더는 팀을 고무시킬 수 있는 말을 찾아야 하며, 의도를 정확하고 설득력 있게 전달할 수 있는 언어 전략을 갖춰야 한다"고 한다. 리더십 전문가 더글라스 코넌트는 "짧은 소통이라도 사람들의 생각을 변화시킬 수 있다"고 말한다. 그러나 리더들이 메시지를 구성할 때 종종 의도보다 약한 단어를 무의식적으로 선택하는 경향이 있다. 이러한 단어 사용은 리더의 영향력과 팀을 고무시키는 능력을 약화시킨다. 따라서 팀의 성과를 창출하는 데에 긍정적 언어 전략을 세우는 것은 매우 중요하다.

윤세현, 이진구의 논문에 따르면 "리더의 동기부여 언어는 구성원의 성취 동기를 자극하고, 업무 몰입과 만족을 높여 개인 및 조직의 성과를 향상시킬 수 있다."고 한다. 이 연구는 리더의 동기부여 언어, 구성원의 성취목표 지향성, 직무 성과 간의 관계를 살펴보고, 성취목표 지향성의 매개 효과를 분석했다. K그룹의 부장급 이하 직원 239명을 대상으로 한 설문 결과를 분석한 결과, 리더의 동기부여 언어가 직무 성과에 긍정적인 영향을 미치는 것으로 나타났다. 이 연구는 동기부여 언어가 조직 성과 향상에 긍정적 영향을 미친다는 중요한 시사점을 제공한다.

고객가치 창출에 뛰어난 기업들을 생각해보면, 애플, 테슬라, 넷플릭스와 같은 고부가가치 기업들이 떠오른다. 애플은 전 세계 사람들이 스마트폰을 사용하게 만들었고, 테슬라는 재생가능 에너지 개발과 인간 안전에 기여하고 있다. 넷플릭스는 콘텐츠 파급력으로 전 세계사람들에게 영향을 미치고 있다. 이러한 기업들은 고객의 문제를 해결하고 가치를 창출함으로써 고객이 가치 있다 여기는 그 무언가들을 만들고 있다.

이 기업들을 떠올리면 창립한 CEO들도 함께 생각난다. 애플의 스티브 잡스, 테슬라의 일론 머스크, 넷플릭스의 리드 헤이스팅스가 그들이다. 이들 또한 처음에 기업을 설립할 때 지금과 같은 성장을 100% 확신하지 못했을 것이다. 그러나 이들에게는 강력한 리더십이라는 공통점이 있으며, 특히 그들의 '언어'에 주목하는 이들이 많다. 리더가 전달하는 진실되고 강력한 메시지는 구성원들의 내적 동기를 자극한다.

스티브잡스는 이러한 말을 했다. "혁신이란 한 번에 천 가지 아이디어를 던지는 것이 아니라, 한 번에 천 가지 아이디어를 거부할 줄 아는 것입니다." 'Think Different'라는 애플의 슬로건처럼 '혁신'에 대한 잡스의 진심이 그의 메시지를 통해 계속해서 전달되고 있었다.

테슬라의 일론 머스크 또한 강력하고 때로는 대담한 메시지들로 유명하다. "실패가 허용되지 않는 환경에서는 혁신도 불가능합니다. 중요한 것은 빠르게 실패하고, 그로부터 배우는 것입니다.", "어떤 규칙이나 절차가 바보 같다고 생각되면 그것을 무시하세요." 확신에 찬 리더의 메시지, 우리의 가치를 예외없이 강조하는 리더의 메시지는 구성원들로 하여금 따라가고 싶은 동기를 불러일으킨다.

마지막으로 넷플릭스의 리드 헤이스팅스 역시 이와 비슷한 방식으로 구성원의 마음에 불을 지피는 리더로 유명하다. "우수한 직원들에게는 자율성을 제공하십시오.

이들은 규칙을 따르기 위해 존재하는 것이 아니라, 자신의 탁월함을 보여주기 위해 여기에 있습니다." 경쟁력있는 자율과 책임의 문화를 가진 넷플릭스의 경영자 답지 않은가?

≪무엇이 성과를 이끄는가≫ 책을 보면 구성원의 몰입을 이끄는 직접동기로 의미, 성장, 즐거움을 꼽는다. 몰입을 이끄는 리더의 언어는 달라야 한다. 리더는 구성원에게 일의 의미를 잘 전달할 수 있어야 한다. 리더는 구성원에게 성장할 수 있는 방향성을 제시할 수 있어야 한다. 리더는 구성원에게 즐겁게 일할 수 있는 방식을 제시할 수 있어야 한다. 이런 소통이 오고 가면 구성원의 몰입도가 높아진다는 것이다. 한 방향을 바라보며 성과는 물론 보람과 성취가 있는 일터를 꿈꾼다면 이제는 '리더의 언어'에 집중할 때이다.

하버드 비즈니스 리뷰에 따르면, 세덜 닐리와 로버트 스티븐 캐플란은 리더의 언어 전략이 구성원들이 비전에 공감하고 같은 방향을 바라보게 하는 데 중요하다고 말한다. 언어는 조직의 모든 면에 스며들어 있으며, 리더의 언어는 인재 채용, 교육, 평가, 승진 시스템이 원활하게 이행되는데 중요한 역할을 한다. 이들은 조직의 '언어와 문화적 역량'을 신중하게 고려하고 훈련해야 한다고 강조한다. 이는 고부가가치 산업에서 성과를 창출하는 기업으로 발전하는 데 중요한 시사점을 제공한다. 세덜 닐리는 10년 이상 글로벌 기업과 팀의 언어 사용에 대해 연구했으며, 로버트 스티븐 캐플란은 20년 이상 글로벌 기업의 리더십을 조사해왔다. 이들의 연구는 리더의 언어가 인재 관리와 조직 성장에 매우 중요한 영향을 미친다는 것을 더욱 강하게 뒷받침한다.

우리 사회는 4차 산업혁명에 맞는 새로운 리더십을 요구하고 있다. 기존의 경제와 비즈니스 환경은 급격히 변화하고 있다. 이에 따라 새로운 리더십이 필요하며, 이러한 변화 속에서 '기술과 지식'뿐만 아니라 언어의 중요성이 더욱 강조되고 있다. 4차 산업혁명 시대의 리더는 단순히 기술에 능통한 것 이상으로, 강력한 언어 기반의 리더십 역량을 갖추어야 한다.

언어가 리더십에서 중요한 역할을 하는 이유는 다양한 측면에서 나타난다. 먼저, 언어는 비즈니스 비전을 효과적으로 전달하고 이해관계자들 간에 소통을 원활하게 도와준다. 기술과 지식은 중요하지만, 그것들을 효과적으로 전달하고 이해 받는 과정에서 언어의 역할은 결정적이다.

4차 산업혁명 시대, 미래의 리더십은 기술과 지식뿐만 아니라 언어의 힘에 크게 의존하고 있다. 언어는 비지니스 환경에서 강력한 소통 도구로 작용하며, 탁월한 리더는 적절한 언어로 비전을 제시하고 구성원들을 통합하며, 조직의 성공을 이끌어 간다. 특히 다양한 언어의 메시지가 있지만 그중 상대방을 이해하고, 공감하고, 포용하는 사랑의 언어가 필요하다. 사랑의 언어는 상대방과의 심리적 안전감을 만들어낸다. 또한 신뢰를 기반으로 상대방과 인격적 교제 뿐 아니라 업무의 몰입도 향상 및 자존감을 높이는 중요한 측면이 있다고 한다.

경영학 박사 은서기의 칼럼 ≪4차 산업혁명, 리더의 언어가 조직을 바꾼다≫는 4차 산업혁명 시대에 리더의 언어 능력이 중요하다는 점을 뒷받침해준다. 전 세계가 4차 산업혁명의 물결 속에서 미국의 '디지털 트랜스포메이션', 독일의 '인더스트리 4.0', 일본의 '로봇 신전략', 중국의 '중국 제조 2025' 등 다양한 전략을 추진하고 있다. 이러한 변화 속에서 새로운 리더십이 요구되고 있으며, 이는 조직의 생존과 직결된 문제임을 강조한다.

그는 인공지능의 시대에 창의성과 융합 능력이 중요하다고 지적한다. 기존 리더십으로는 더 이상 충분하지 않으며, 구성원과 AI, 로봇을 통합하고 활용하는 새로운 리더십이 필요하다는 것이다. 이 시대의 리더십은 언어능력에 달려 있으며, 리더의 언어가 조직의 행동과 문화를 형성한다고 강조한다.

리더의 역할은 미션을 달성하는 것이다. 그러기 위해서는 구성원들의 몰입을 이끌어야 한다. 그렇기에 리더라면, 리더의 언어를 알아야 한다. 리더의 언어에는 3가지가 있다. 먼저, 리더는 조직의 성장을 이끄는 '비전의 언어'를 구사해야 한다. 조직은 리더의 비전을 통해 성장하며, 비전은 조직이 나아갈 미래를 그리는 언어적 표현이다. 예를 들어, 20세기 가장 영향력 있는 여성 중 한 명으로 <타임지>에 선정된 코코 샤넬은 '우리의 존재 이유는 무엇인가'라는 질문에서 출발하여 차별화된 길을 추구했다. 그녀는 '무엇과도 바꿀 수 없는 존재가 되려면 늘 달라야 한다' 라는 비전을 통해 샤넬을 성공으로 이끌었다. 그녀의 '다름'을 추구하는 비전이 오늘날 샤넬의 성공 비결로 평가받고 있다.

다음으로, 리더는 '신뢰의 언어'를 구사해야 한다. 구성원들은 신뢰를 바탕으로 성장하며, 신뢰 없는 리더는 조직을 이끌 수 없다. 성공적인 리더들은 천재성보다는 뛰어난 인격에서 그 능력을 발휘한다. 4차 산업혁명 시대에 필요한 리더십은 사람 중심의 유연함에 있으며, 이는 구성원들을 인격적으로 존중하고 그들의 의견과 아이디어를 중시하는 것을 의미한다. 구성원들은 자신이 존중 받는다고 느낄 때 창의적으로 활동하게 된다. 예를 들어, 대전지역 대학생들에게 인기 있는 '동네 빵집' 성심당은 60년 이상의 역사를 지닌 중견기업이다. 성심당이 중견기업으로 성장한 비결은 임영진 대표의 직원 사랑이다. 성심당의 60주년 비전 선포식에서는 매출 언급 없이 위생, 품질, 따뜻한 빵 공급, 그리고 직원에 대한 사랑에 대한 다짐만 있었다. 이러한 대표의 '사랑' 언어가 성심당의 성공을 이끈 핵심이다.

마지막으로, 리더는 '실행의 언어'로 자신을 증명해야 한다. 성공적인 리더들은 구성원들이 수많은 핑계를 대는 상황에서도 절실한 이유를 찾아 실행에 옮긴다. 실행력은 조직의 생존과 발전을 위한 중요한 요소이며, 아무리 훌륭한 생각과 전략을 가지고 있어도 실행하지 않으면 아무런 의미가 없다. 생각만 하는 리더는 결국 실행하는 리더에게 뒤처지게 된다.

카카오는 단순한 모바일 기업에서 시작해 국내에서 두 번째로 큰 포털인 다음을 인수하며 급성장했다. 이후 카카오뱅크와 카카오 게임즈 같은 혁신적인 자회사들을 설립, 약 43조원의 자산 가치를 창출한 기업이다. 카카오의 김범수 대표는 실행의 언어로 유명하다. 구성원과 투명하게 소통하며 목표에 대한 실행 전략을 집요하게 소통한 것으로 유명하다. 이러한 소통은 카카오를 청년들이 가장 선호하는 기업 중 하나로 만들었다. 카카오의 성공 비결은 무엇일까? 김범수 대표는 '무엇을 만들고 어떻게 팔 것인가'가 아닌, '누구를 참여시키고 어떻게 연결할 것인가'에 초점을 맞추며 모바일 분야에서의 주도권을 확보했다. 이러한 연결은 카카오가 새로운 비즈니스 영역을 개척하고 혁신할 수 있는 기반이 되었다. 연결이라는 단어에 집중해본다. 사람과 사람, 사람과 정보, 사람과 오프라인 비즈니스, 사람과 사물 간의 연결. 연결을 가능케 하는 것은 바로 '언어'에서 시작된다. 언어의 가치를 아는 리더는 언어의 가치를 통해 세상을 연결시킨다.

4차 산업혁명 시대의 리더십에서는 기술과 지식보다 언어가 더 중요해졌다. 미래의 리더에게는 언어 기반의 리더십 역량이 필요하다. 이는 타고난 것이 아니라 준비와 훈련을 통해 얻어지는 것이다. 지식의 양보다는 생각의 힘, 상황을 읽고 누구와도 즉각적으로 소통할 수 있는 '언어 역량'이 중요해진 것이다. 리더의 철학과 방향성이 언어를 통해 명확하게 전달되면, 구성원들이 동일한 목표를 향해 나아갈 수 있다. 조직의 가치가 높아질수록 언어의 가치도 중요해진다.

대한민국 사회 역시 열심히 일하는 사회에서 콘텐츠 부가가치가 중요한 사회로 변화하고 있다. 카카오, 배달의민족, 토스와 같은 기업들이 이러한 변화를 선도하고 있다. 이들 기업의 리더들, 즉 김범수, 김봉진, 이승건 대표는 구성원과의 소통을 우선시하는 것으로 알려져 있다.

특히, 배달의민족의 '우아한 수다타임'이라는 타운홀 미팅은 구성원과의 소통을 강화하는 좋은 예다. 이와 같은 소통 채널은 조직의 비전과 미션을 공유하고 건설적인 피드백을 주고받는 데 중요하다. 다만 리더가 개별적 소통이 아닌 많은 사람들 앞에서 스피치를 하는 경우 언어의 훈련이 필요하다. 그렇기에 리더에게 언어 역량을 강화하기 위한 코칭과 훈련도 필수적이다.

조직 내에서 소통의 중요성을 모르는 이는 거의 없지만, 리더의 언어 훈련의 중요성은 종종 간과된다. 리더는 언어 훈련을 통해 소통의 질을 높여야 하며, 이는 조직의 전반적인 언어 역량을 향상시키는 데 기여한다.

기대하는 것은 리더의 메시지에 품격이 느껴지기를 바란다. 리더에게 품격이란 상대방을 이기는데 목적을 두지 않고 상대방의 마음을 얻는데 있다. 그렇기에 리더의 말은 리더의 마음과 태도이다. 상대방을 존중하고 사랑하는 마음을 가졌을 때 그 마음이 말을 통해 전달되는 것이다. 사랑은 오래 참음이고, 존중은 상대방의 입장에서 생각해보는 것이다. 우리 조직의 미션을 위한 길이다. 오래 참고 상대방에 입장에서 생각해본다는 것은 지금 당장 눈 앞에 보이는 문제에 집중하기 보다 초월적 성공을 위한 리더의 단련이 필요한 영역이다. 이 위대한 여정을 통해 리더의 메시지는 품격을 갖춰간다.

02

탁월한 리더는 언어를 통해
상대방의 힘을 각성시킨다

언어에는 강력한 힘이 있다. 언어의 힘, 즉 '언력'은 곧 권력이다. 간결한 말 몇 마디로도 깊은 통찰이 드러나며, 이는 큰 영향력을 발휘한다. 언어의 힘을 극대화하는 방법 중 하나는 은유법을 활용하는 것이다. 은유는 본래 '전이(metastasis)'라는 뜻으로, 멀리 이동하여 새로운 세포를 생성한다는 의미를 지닌다. 은유는 다른 것으로 복제하는 행위이며, 은유법은 '숨겨서 비유하는 수사법'이다. 예를 들어, '인생은 여행이다', '내 마음은 호수다', '구름은 보랏빛 색지 위에 마구 칠한 장미다' 등의 표현은 은유법의 전형적인 예시다.

은유는 때로 인생을 변화시킬 수도 있다. 네덜란드의 시각장애인 걸인이 기차역 앞에서 구걸을 하던 사례가 있다. 구걸하는 그의 앞에는 '나는 앞을 보지 못합니다. 도와주세요.'라는 문구가 적힌 푯말이 세워져 있었다. 행인들은 그저 스쳐지나 갈 뿐이었다. 그러자 지나가던 한 여성이 잠시 멈춰 이 문구를 수정해주고 난 후, 평소보다 훨씬 많은 돈이 모였다고 한다. 여성은 어떻게 글을 바꾸었을까? '나는 봄이 와도

봄을 볼 수 없습니다.' 말에는 사람의 마음과 행동을 움직이는 강력한 힘이 있다.

언어의 힘은 단어를 기억하는 능력에 있다. 일반인은 평생 얼마나 많은 단어를 사용할까? 사전에 등록된 한국어 단어는 대략 50만 개에 이른다. 그중 일반인은 평균적으로 약 1,000개의 단어를 사용한다. 반면, 글이나 말을 잘한다고 평가받는 사람들은 평균적으로 2,500개의 단어를 사용하며, 소설가는 5000개, 시인은 약 1만 개의 단어를 사용한다고 한다.

위대한 작가 헤밍웨이는 *'For sale: Baby shoes, Never worn.'* '팝니다: 아기 신발, 한 번도 안 신었음.'이라는 단 6글자로 된 소설로 사람들의 마음을 움직였다. 언어의 힘은 바로 이러한 단어를 기억하고 활용하는 데서 나온다. 단어는 이야기의 형태로 기억되어야 한다. 우리 뇌는 크게 4개의 영역으로 나뉘며, 이 중 측두엽은 이야기를 저장하는 곳이다. 인지심리학자 로저 섕크와 로버트 아벨슨은 이야기가 지식 축적의 핵심이며, 우리 뇌는 이야기를 훨씬 오래 기억한다고 말한다. 언어의 힘은 이야기를 통해 전달될 때 더욱 강해진다. 언어는 강력한 힘과 권력을 지니고 있다. 말과 글을 훈련하고 발전시키면, 우리의 삶은 분명히 더 윤택해질 것이다.

사티아 나델라, 마이크로소프트의 CEO는 기술 산업의 최고 리더들 중 한 명으로 인정받고 있다. 그의 리더십은 침체기에 빠졌던 마이크로소프트를 부흥시킨 주요 요인으로 평가받는다. 나델라는 기술적 지식과 함께 강력한 언어 사용으로 조직을 성공적으로 이끌었다. 그의 비전의 언어는 마이크로소프트에 높은 목표를 설정하고, 이를 달성하기 위한 방향을 제시했다. 이러한 언어 사용은 단순한 지시를 넘어서 조직의 목표와 가치를 공유하고, 구성원들에게 자부심을 심어주는 역할을 했다. 사티아 나델라의 언어역량은 마이크로소프트가 기술 분야의 치열한 경쟁에서 선도적인 역할을 하는 데 기여했다고 평가받는다.

나델라는 신뢰의 언어를 통해 조직 내 긍정적인 분위기를 조성하는 것으로도 유명하다. 그는 상호 신뢰를 바탕으로 한 소통에 많은 시간을 할애했으며, 이는 창의적이고 협력적인 분위기를 조성하여 업무 효율성과 팀 성과 향상에 기여했다. 또한, 나델라는 팀원들에 대한 존중과 배려를 통해 인간적인 리더십을 보여주는 리더로 유명하다. 특히 코로나 팬데믹 기간 동안 나델라는 원격 타운홀 미팅을 통해 상황을 자세히 설명하고, 직원들의 가족에 대한 염려를 표현하며, 회사가 할 수 있는 모든 노력을 기울일 것임을 약속했다. 이러한 소통은 구성원들에게 위기를 함께 극복할 수 있다는 자신감을 심어주었다.

연설 마지막에 나델라는 "나는 매일 마이크로소프트에서 구성원 여러분들과 함께 일하는 것이 자랑스럽습니다." 라고 이야기하며 위기 극복의 중심에는 CEO인 자신이 아니라 구성원들이 있다는 사실을 다시 한번 강조했다.

이 타운홀 미팅이 끝난 직후 직원들은 다양한 SNS를 통해 "지금처럼 우리 회사의 직원이었던 게 자랑스러운 적이 없었다" 혹은 "사티아 나델라를 미국 대통령으로!"와 같은 긍정적인 메시지를 공유하기 시작했다고 한다.

사티아 나델라의 사례에서 볼 수 있듯이 조직구성원들의 역량이 향상되고 참여와 공유가 시대적인 흐름이 된 요즘 새롭게 주목받는 리더십이 있다. 바로 오센틱 리더십 (Authentic leadership)이다. 오센틱 리더십은 진정성, 즉 리더 자신의 진정한 자아에 따르는 리더십을 말한다. 오센틱 리더십의 권위자인 워싱턴 대학의 브루스 아볼리오 교수는 '누구나 댄서가 돼 춤을 출 수 있도록 만드는 것'이 오센틱 리더의 역할이라고 이야기했다. 리더가 주인공이 되어 '나를 따르라'를 외치고 이 과정에서 직원들은 수동적인 참여자에 머무는 것이 아니라, 리더는 자신의 취약성을 인정하고 이를 보완해줄 수 있는 적극적이고 동반자적인 관계로 조직구성원들을 격상시키는 리더십이 바로 오센틱 리더십의 본질이라 할 수 있다.

애플의 창업자 스티브 잡스 또한 강력한 비전언어를 통해 기업을 이끌었다. 그의 유명한 프레젠테이션은 제품의 기술적인 측면을 넘어서 소비자들에게 강력한 비전을 제시했다. 스티브잡스는 애플을 통해 '사람들에게 도움이 되는 도구를 제공함으로써, 사람들이 일하고 배우고 소통하는 방식을 바꾸겠다' 라는 비전을 선포했다. 'Think Different' 라는 애플의 슬로건도 잡스의 철학이 담긴 메시지이다. 이를 통해 내부 구성원과 더불어 소비자들은 제품을 구매함으로써 그 비전에 참여하는 느낌을 받게 되었고, 이는 애플의 성공에 큰 역할을 했다.

구글의 창업자 래리 페이지도 투명하고 개방적인 의사소통을 통해 리더십을 발휘한 대표적인 인물이다. 그는 OKR 목표수립 방법으로 성과를 이끌며 무엇보다 리더와 구성원간의 소통을 강조했다. 1:1로 만나 성장과 성과를 나누는 원온원 미팅을 통해 상호 목표를 합의하고 달성할 수 있는 전략을 발굴하는데 집중했다. 또한, 성공적인 프로젝트를 이끄는 리더의 언어역량을 강조했다. 래리 페이지는 타운홀 미팅을 통해 일관성 있는 소통과 고객 중심의 가치공유, 실패에 대한 책임감과 도전과 격려, 다양성과 포용 등을 통해 구성원들로부터 신뢰를 받는 리더로 유명하다.

아마존의 제프 베조스는 실행의 언어를 통해 회사의 목표를 명확하게 제시하고, 그것을 달성하기 위해 헌신적으로 일하는 문화를 조성한 리더로 유명하다. 제프 베조스는 자원을 효과적으로 집중하기를 강조했고, 새로움에 대한 열린 태도, 기존 방식에 도전하고 새로운 시각을 존중하는 언어를 많이 활용한 것으로 유명하다. 이러한 실행의 언어는 베조스의 리더십을 통해 아마존이 글로벌 기업으로 성장하고 혁신적인 힘을 발휘하는 데에 기여한 요소 중 하나이다. 실제로 비전을 실행에 옮기는 것이 리더십의 핵심이기 때문이다.

이처럼 구성원들과 함께 비즈니스 세계를 돌파해가는 CEO들에게는 언어역량이 있었다. 결국 미래에 필요한 리더는 '언어'기반의 리더십 역량을 갖춘 사람이라 할 수 있다. 리더십 역량은 타고나는 것이 아니라 준비를 통해 얻어지는 것이다. 4차 산업혁명 시대의 리더십은 지식의 양이 아니라 생각의 힘, 상황의 흐름을 읽고 어느 누구와도 바로 소통할 수 있는 '언어역량'이 될 것이다.

르트비히 비트겐슈타인은 그의 작품 ≪논리철학 논고≫에서 '언어는 개념을 담는 그릇이다'라는 이야기를 했다. 비트겐슈타인은 20세기 초반의 중요한 철학자 중 하나로 인정받는 인물이다. 그는 언어의 주요 목적 중 하나는 언어가 현실을 묘사하고 개념을 표현하는 것이라고 주장했다. 이를 '언어는 개념을 담는 그릇이다'라는 문구로 표현한 것으로 알려져 있다.

언어를 통해 우리는 세계를 이해하고, 개념을 형성하며, 경험을 해석할 수 있다고 이야기한다. 그의 이론은 언어가 단순히 정보 전달 도구를 넘어서 개념의 형성과 현실 해석에서 근본적인 역할을 한다는 것을 주장한다.

그는 언어 사용과 그 의미에 더 관심을 가지면서 '언어게임'이라는 개념을 만들었다. 언어가 단순한 규칙의 집합이 아니라, 사람들 간의 상호작용과 복잡한 의미 형성의 결과라는 것을 강조한다. 언어는 여러 뜻을 가질 수 있고, 상황에 따라 의미가 달라질 수 있다. 그렇기에 언어가 현실을 이해하고 의미를 만드는 데 아주 중요하다고 말한다. 또한 언어가 생각하고 문제를 해결하는 중요한 도구이자 사람들 사이의 상호작용과 의사소통에 중요한 역할을 한다고 강조한다. 그의 이론에 따르면, 언어는 우리 생각과 경험을 정리하고 해석하는 데 큰 영향을 미친다. 이를 통해 언어, 의미, 사고에 대해 새로운 관점을 가질 수 있다.

미국 UCLA의 심리학과 교수인 앨버트 메라비언(Albert Mehrabian)의 연구도 살펴보자. 1971년 출간한 저서 ≪침묵의 메시지≫에서 한 사람이 상대방으로부터 받는 이미지는 시각(몸짓, 행동) 55%, 청각(음색, 목소리, 억양) 38%, 언어(말의 내용) 7%라는 커뮤니케이션 이론을 제시했다. 이를 '메라비언의 법칙'이라 하는데, "행동의 소리가 말의 소리보다 크다."라는 한 문장으로 요약된다.

그는 커뮤니케이션 요소를 청각적(목소리), 시각적(행동), 언어(메시지, 말의 내용)로 나누고 각각의 요소가 차지하는 비중을 연구했다. 그 결과 말하는 이의 용모(의상)나 제스처 등의 시각적 요소는 55%, 목소리의 톤이나 발음 등의 청각적 요소는 38%, 말하는 내용의 완성도 등 언어, 즉 메시지 요소는 7%를 차지했다.

효과적인 의사소통에 있어서 말투나 표정, 눈빛과 제스처 같은 비언어적 요소가 차지하는 비율이 무려 93%(시각 55%+청각 38%)의 높은 영향력을 가지고 있는 것이다.

잘 생각해보면, "아! 미안합니다!", "미안하다고요!"라고 사과해도, 목소리의 톤이나 억양이 높고, 얼굴 표정이 화난 모습이면 상대에게는 사과하려는 진심이 왜곡되어 전해질 가능성이 높다. 반쪽의 진심은 허위보다 무섭다는 말이 있다. 한두 번의 얕은 진심은 배신감을 불러일으키기도 한다.

"목소리가 인품이요, 성품이다. 전화 목소리를 들어보면 그 사람의 인간성을 알 수 있다."고 한다. 그래서일까? 사업이나 일을 잘 하는 사람들은 대개 정감 있는 목소리를 낸다. 화려함보다는 따뜻한 음성을 담는다. 그렇다고 전달하려는 내용의 말이 중요하지 않다고 생각해서는 안 된다. 7%의 비율을 차지하는 내용이 잘 전달되어야 상대의 마음을 얻을 수 있다. 다만, 7%의 언어의 중요성이 100%가 되어 온전히 전달되기 위해서는 비언어적인 침묵의 메시지도 잘 살려야 한다는 것이다. 메라비언의 법칙이 이야기하는 본질은 말하는 메시지와 비언어적 요소가 불일치할 때 메시지가 상대에게 전달되기 어려움을 의미한다. 비언어적 요소와 메시지가 일치한다면 그 효과는 우리가 생각하는 것 그 이상의 효과를 가지게 될 것이다.

미국의 44대 대통령 버락 오바마는 품격 있는 메시지로 유명한 인물이다. *'Change we can believe in'* 메시지는 바락 오바마가 2008년 미국 대통령 선거 캠페인에서 사용한 주요 구호 중 하나이다. 이 구호는 그의 캠페인 메시지를 대표하는 문구로 사용되었고, 언어의 힘을 통해 사회적인 변화를 이루자는 메시지를 전달했다. 이 구호는 다양한 의미를 내포하고 있다.

'Change'는 변화를 의미하며, 'we can believe in'은 사람들이 믿을 수 있는 변화를 약속하는 것을 의미한다. 이는 희망과 긍정적인 변화의 가능성에 대한 믿음을 고취시키는 메시지로 작용했다. 그는 이 구호를 통해 희망과 변화의 약속을 대중들에게 외쳤다. 또한 'We'라는 단어는 개별 개인뿐만 아니라 모든 사회 구성원을 의미하며, 공동체적인 참여와 협력의 중요성을 강조한 단어였다. 개인이 아닌 모두가 변화를 이루기 위해 노력해야 한다는 메시지가 내포되어 있음을 알 수 있다.

버락 오바마는 이 구호를 통해 간결하면서도 강력한 언어를 사용하여 사람들의 마음을 움직였다. 이는 언어가 강력한 정치적 도구로서의 역할임을 강조하며, 메시지의 전달이 변화를 이끌어내는 데 얼마나 중요한지를 보여준 강력한 사례였다.

탁월한 리더들은 자신의 메시지를 통해 주변 사람들에게 영감을 주며 마음에 불을 지피는 능력을 가지고 있다. 예를 들어, 대한민국의 대표 축구 선수인 손흥민 선수는 중요한 경기 전 락커룸에서 동료들에게 사기를 북돋우는 역할을 했다. 카타르 아시안컵 경기 전, 그의 메시지는 언론을 통해 공개되었고, 많은 국민들이 그의 열정적인 모습을 볼 수 있었다. 손흥민 선수는

"쟤네 우리가 가서 조용히 시켜주자고, 쟤네 4만명? 5만명? 오라고 해! 우리가 유일하게 보여줄 수 있는 건 운동장 안이니까! 들어가서 그냥 부수자고 오케이? 가자 가자 가자! 파이팅!!!!"라며 동료들을 독려했다. 이 메시지는 많은 사람들에게 승리

에 대한 의지를 심어주었다.

삼성의 창업자인 이건희 전 회장의 메시지도 인상적이다. 그의 유명한 말, '남 뒷다리 잡는 사람 되지 마라', '바뀔 사람은 바뀌고 크게 기여할 사람은 크게 기여하고, 적게 기여할 사람은 적게 기여해라. 허나, 남 뒷다리 잡는 사람은 되지 마라. 발전하고 성장하려는 사람들을 자기 수준으로 끌어내리지 마라.'는 삼성의 변화 의지와 혁신을 추구하는 조직 문화를 반영하는 메시지로 여겨진다.

이러한 사례들에서 볼 수 있듯, 탁월한 리더들은 그들만의 독특한 언어와 메시지를 가지고 있다. 이 메시지는 단순한 말뿐만 아니라, 때로는 그들의 삶 자체를 통해 표현되기도 한다.

리더의 품격 있는 메시지로 유명한 일화를 더 소개한다.
미국에 16대 대통령이자 미국에서 가장 존경받는 대통령으로 손꼽히는 에이브러햄 링컨(Abraham Lincoln)에 대한 이야기다. 링컨은 엄격한 청교도 집안에서 태어나서 열 살 때 어머니를 여의었다. 열아홉 살 때는 두 살 많은 누이가 아이를 낳다가 사망했다. 스물세 살 때는 동업자와 장사를 했지만 큰 빚을 져서, 그 빚을 모두 탕감하는 데 꽤 오랜 세월이 걸렸다. 스물네 살 때는 열애에 빠졌던 앤 애틀러지가 장티푸스에 걸려 사망했다. 그 뒤 우울증에 걸려서 평생을 고생해야 했다. 서른 살에 부유한 집안에서 제대로 교육을 받고 자란 메리 토드와 결혼하지만 결혼생활은 행복하지 않았다.

그의 회색빛 인생을 장밋빛 인생으로 서서히 바꿔준 것은 유머였다. 그는 틈나는 대로 유머 관련 책을 읽었고, 재미있는 이야기를 기억해 놓았다가 주변 사람들에게 들려주곤 했다. 다른 사람들이 웃을 때는 함께 웃으면서, 인생은 즐거운 것이라는 사실을 깨달아갔다.

링컨은 정치가로 입문한 뒤에도 수많은 시련을 겪었으나 결코 유머를 잊지 않았다. 상원의원 선거에서 더글러스와 합동 선거 유세를 할 때였다. 더글러스가 '두 얼굴을 가진 이중인격자'라고 비난하자 링컨은 미소를 지으며 이렇게 반박했다.

"제가 두 얼굴을 갖고 있다고요? 여러분, 잘 생각해보세요. 제가 정말 두 얼굴을 갖고 있다면, 오늘같이 중요한 날 이렇게 못생긴 얼굴을 들고 나왔겠습니까?"

유머는 최상의 수비이자 최상의 공격이다. 링컨은 원색적인 비난에 맞대응하지 않고, 유머로 품격 있게 물리쳤다. 사실, 자신의 약점을 유머 소재로 삼으려면 어느 정도 경지에 올라야만 가능하다. 링컨의 유머 감각이 상당한 수준에 이르렀음을 엿볼 수 있다.

유머는 현대 사회에 들어와서 그 중요성이 점점 커지고 있다. 산업사회는 워커홀릭을 양산했지만 유머 감각을 갖춘 사람은 오히려 그 수가 줄었다. 과다한 업무로 인해서 마음의 여유가 사라졌고, 그 결과 유머 감각마저 떨어졌기 때문이다. 현대인의 삶은 긴장의 연속이기 때문에 유머러스한 사람이 빛난다. 딱딱한 회의나 프레젠테이션, 팽팽한 협상에서 맛깔스런 한마디 유머는 순식간에 분위기를 반전시킨다. 휴식 시간에도 정치나 시사 문제에 열을 올리는 인물보다는 가벼운 유머로 그 순간을 즐길 줄 아는 인물의 주변으로 사람이 몰린다.

무엇보다 유머가 주는 여유로움이 사람을 더 크게 만든다는 것을 알 수 있다. 자신을 공격하는 정적에게 웃음을 보이거나 스트레스 상황에서 위트를 던지는 것은 쉽지 않다. 상황을 전체적으로 바라보고, 한발 물러서 판단하는 자세가 없으면 불가능하다. 또한 타인을 포용할 수 있을 때 진정한 유머와 위트가 가능하다. 유머도 능력이라는 말이 나오는 이유이기도 하다. 실제로 가장 위대한 대통령으로 존경받는 링컨은 가장 유머가 있는 대통령이기도 했다. 이처럼 메시지에 포함된 유머는 적을 동지로 만들고 위기를 극복할 수 있는 원동력이 된다. 그야말로 우리 모두에게 요구되는 능력이고 태도가 아닌가 생각한다.

위스턴 처칠(Winston Churchill)의 메시지도 빼놓을 수 없다. 그는 영국의 정치인으로서 두 차례에 걸쳐 영국 총리를 역임하였고, 제2차 세계 대전 중에는 영국을 지도하는 역할을 했다. 또한 산문가, 연설가, 역사학자로서도 유명하며, 그의 강력한 정치적 리더십과 탁월한 소양, 소통능력 등이 두드러져 있는 것으로 유명하다.

처칠의 유명한 메시지 중 하나는 *"Never, Never, Never Give Up"* 이다. 이 문장은 그의 강력한 의지와 결단력을 나타내며, 어떤 상황에서도 절대로 포기하지 말아야 한다는 메시지를 전달한다. 이 메시지는 1941년 10월 29일 런던 시에서의 연설에서 처칠이 말한 것으로 알려져 있다.

정확한 문장은 다음과 같다.
Never give in, never give in, never, never, never, never—in nothing, great or small, large or petty—never give in except to convictions of honour and good sense.

헌신과 상식의 신념을 제외하고는, 절대로 굴복하지 마라.
굴복하지 마라. 절대로, 절대로, 절대로, 절대로 – 어떠한 경우에서라도 절대로 굴복하지 마라.

이 명언은 강한 의지와 불굴의 정신을 강조하며, 어떤 어려운 상황에서도 자신의 신념에 충실하며 힘든 길을 따라가라는 격려의 메시지를 전달한다.

처칠의 리더십에는 유머와 품격 있는 메시지도 빠질 수 없다. 그는 유머를 적재적

소에 사용한 노련한 정치가였다. 대륙이 히틀러에게 점령당하고 영국만이 버티고 있던 상황에서 영국의 마지막 희망은 미국의 참전이었다. 당시 미국의 루즈벨트 대통령은 정세를 주시하며 참전 결정을 미루고 있었다. 처칠은 워싱턴으로 루즈벨트 대통령을 만나러 갔다. 루즈벨트가 처칠의 방으로 찾아왔을 때, 처칠은 마침 샤워를 마치고 알몸인 상태였다. 그토록 만나기를 고대하던 대상이 눈 앞에 왔는데 알몸 상태라니 얼마나 당황했겠는가? 그는 재빨리 옷을 입고 루즈벨트를 맞이할 수도 있었지만, 태연하게 알몸인 상태로 방문을 열었다. 당황한 루즈벨트에게 처칠은 오히려 주요 부위를 가리고 있던 수건마저 치우고 이렇게 말했다.

"대통령 각하, 보시다시피 영국은 미국에게 아무 것도 숨기는 것이 없습니다."

당시 미국 대통령 루즈벨트는 처칠의 이런 솔직한 모습에 반했다. 그리고 협상은 긍정적으로 진행되어 미국은 참전을 결정한다.

처칠이 정치에 입문한 1990년 선거에서 상대후보가 "처칠은 아침에 일찍 일어나지 못하는 게으른 사람입니다"라고 처칠을 공격하자 그는 이렇게 반격한다.
"글쎄요, 저처럼 예쁜 아내와 살면 일찍 일어날 수가 없습니다."
참고로 처칠의 아내 클레멘타인은 처칠보다 11세 연하로 미인이었다. 연설을 들은 대중들은 처칠의 재치 있는 유머와 함께 풍기는 여유 있는 모습에서 감동받아 처칠의 손을 들어주었다.

또 한 번은 처칠이 연설을 위해 연단 위에 오르다 발을 헛디뎌 넘어졌다. 이 모습을 본 청중들이 웃었다. 본인은 얼마나 머쓱했겠는가? 자칫 무엇인가 부족한 사람으로 해석이 될 뻔한 상황이기도 했다. 몸을 추스리고 연단에 선 처칠 수상은 마이크를 잡고 말했다.

"제가 넘어져 국민이 즐겁게 웃을 수 있다면, 다시 한번 넘어지겠습니다!"

얼마나 재치와 여유와 유머가 있는 모습인가? 국민에게 웃음을 주고 그들의 마음을 사로잡을 수 있다면 얼마든지 다시 넘어질 수 있다는 발상이야말로 부럽기 그지없는 일이다. 2차 세계대전이라는 엄중한 상황에서 비장함까지 느껴지는 이야기이다. 처칠의 메시지에는 유머가 빠지지 않는다. 어둠속에 빛이 있으면 안심하고 걸어갈 수 있듯이 어려운 상황 속 메시지 속 유머가 빛이 되어 우리를 제대로 걷게 한다.

탁월한 리더는 언어의 힘을 이해하고, 이를 통해 상대방의 잠재력을 일깨운다. 메시지는 그 자체로 강력한 도구이며, 동시에 중대한 책임을 지닌다. 하나의 조사(助詞)가 조직을 위태롭게 할 수도, 단 한 마디가 사람의 삶을 변화시킬 수도 있다. 메시지는 변화를 창조하고, 신념을 형성하며, 관계를 구축하는 데 중요한 역할을 한다. 메시지는 품격을 지니고 있으며, 이 품격은 우리의 선택에 달려 있다. 따라서 우리는 품격 있는 메시지를 선택함으로써 품격 있는 인생을 선택하는 것이다.

03

리더의 긍정화법은
심리적 안전감을 만든다

 2012년, 구글은 흥미로운 프로젝트를 시작했다. 아리스토텔레스라는 연구 프로젝트로 성과를 잘 내는 팀이 가지고 있는 필수 요소를 찾아내는 것을 목표로 했다. 이 프로젝트는 내부 구성원을 대상으로 한 200회 이상의 인터뷰와 250개 이상의 팀을 연구하며 팀의 성공 요인을 규명하기 위해 4년 동안 진행되었다.
 연구 과정에서 구글은 팀 구성원의 개인적인 특징이나 팀의 구조와 같은 전통적인 요소들이 팀의 성공을 예측하는 데 큰 영향을 미치지 않는다는 것을 발견했다. 대신, 팀 내에서의 작업 방식, 즉 팀의 '규범'이 성공의 핵심 요소로 밝혀졌다. 이러한 규범은 팀 구성원이 어떻게 상호 작용하고, 서로를 어떻게 대하는지에 대한 비공식적이고 종종 불문율로서의 규칙들을 의미한다.

 '훌륭한 성과를 내는 완벽한 팀은 어떤 요소를 갖추고 있나?'
 '집단이 서로 상생하여 뛰어난 성과를 내기 위한 요소는 무엇인가?'

구글의 아리스토텔레스 프로젝트의 근본적인 목적이 바로 이것을 알아내는 것이었다.

구글이 연구에서 중요하다고 밝혀진 다섯 가지 팀 효과성 요소는 다음과 같다.

1. 심리적 안전감(Psychological Safety): 팀 구성원들이 실수를 인정하거나 새로운 아이디어를 제안할 때 비난이나 처벌을 받지 않을 것이라고 느끼는 환경이다.
2. 신뢰성(Dependability): 팀 구성원들이 서로에게 의존하여 질 높은 작업을 시간 내에 완수할 수 있다는 믿음이다.
3. 구조와 명확성(Structure and Clarity): 각 팀 구성원이 자신의 역할, 단기 및 장기 목표를 명확히 이해하고, 이것이 팀의 전체 목표에 어떻게 기여하는지를 인식하는 것이다.
4. 일의 의미(Meaning): 팀 구성원이 자신의 역할 또는 팀의 전체 성취에서 개인적인 만족을 느끼는 것이다.
5. 일의 영향력(Impact): 팀 구성원이 자신들의 작업이 조직의 목표에 기여하고 있다고 느끼며, 그들의 작업이 중요하다고 생각하는 것이다.

이 연구 결과는 팀의 성공이 개별 구성원의 우수성보다는 팀 전체의 상호 작용과 팀 문화에 더 크게 의존한다는 것을 보여준다. 따라서 팀 구성원 간의 신뢰, 개방성, 책임감이 중요하며, 팀의 성공은 개별 구성원의 능력을 넘어서는 결과를 가져올 수 있다. 결과로 알다시피 가장 중요한 핵심요소는 '심리적 안전감'이었다.

팀의 구성원들이 자신의 생각을 두려움 없이 이야기할 수 있고, 더 나은 성과를 위하여 대인관계의 위험을 감수해도 괜찮다는 믿음이 바로 심리적 안전감이다. 이 심리적 안전감을 만들기 위해서는 팀내 공동으로 합의된 미션과 목표, 명확한 책임과 역할, 일의 의미 등이 필요하다. 그중에서도 리더의 언어역량, 그중 긍정적인 화법은 심리적 안전감을 키우는 기름과도 같다. 조직에서 의견을 내놓는 것이 두려운 이유는 의견으로 인해 목표 달성에 도움이 되기 보다, 말을 해서 책임을 떠안아야 하고, 업무량이 늘어야 한다는 압박과 리더의 부정적 평가가 있기 때문이다. 그래서 심리적 안전감이 마련되지 않은 조직에서의 가장 큰 흔히 보이는 현상은 바로 '침묵' 이다.

심리적 안전감을 해치는 또 다른 요소로는 '고맥락' 커뮤니케이션이 있다. 한국은 대표적인 '고맥락'(High Context)국가이다. 커뮤니케이션에서 '알아서, 눈치껏'이라는 것이 여전히 작동한다. 그러니 공식석상에서는 말을 아끼고 사석에서는 편한 사람에게 모르는 것을 물어보거나 조심스레 자기 의견을 말하기 쉽다. 세대가 바뀌어 가면서 이런 경향이 줄어들고 있다고는 하지만 문화적 영향력이라는 것은 하루 아침에 바뀌지 않는다.

그렇다면, 조직의 리더는 구성원들에게 과연 심리적 안전감을 가져다줄 수 있는 것일까? 명령 하달의 방식이 아니라, 토론과 협의를 통한 목표 달성이라는 꿈 같은 결과를 만들어 낼 구성원을 키워낼 수 있을까? 한국의 조직문화에서 이 심리적 안전감을 확보하기 위해서는 우선 조직문화를 개선하려는 리더의 의지가 가장 중요하다. 또한 문화를 이끌어갈 리더의 언어역량이 매우 중요하다. 구성원 개개인의 의견을 듣고, 그 의견에 대한 리더의 생각을 긍정적이고 발전적으로 소통하는 문화가 중요하다. 그것을 리더가 보여준다면 구성원들간의 관계 형성과 긍정적 믿음은 생겨날 수 있다고 믿는다.

심리적 안전감을 확보하기 위해 잘 알려진 요소로는 명확한 비전 설정, 부정적 감정에 대한 경계, 리더의 취약성 드러내기, 진정성 있는 리더십이 있다. 그리고 이 모든 것을 촉진시키는 강력한 요소가 있는데 그것은 바로 리더의 긍정화법이다. 리더의 긍정화법은 사적 친밀감과 업무적 친밀감을 함께 만들어 내고 이는 곧 업무에 몰입을 이끄는 강력한 힘이 된다. 리더의 긍정화법을 통해 구성원 간의 관계 형성과 긍정적인 믿음을 촉진할 수 있다.

지금부터 리더의 긍정화법에 집중해본다. 단순히 긍정적 언어 사용을 넘어 심리적 안전감을 만드는 일곱가지 화법을 제시한다. 의미와 예시를 입으로 따라 읽으며 연습해보기를 권한다. 분명 언어의 힘을 깨달을 것이며 긍정적 변화가 일어날 것이다.

일곱 가지 긍정화법은 다음과 같다.

첫 번째는 가능성 화법이다.

과연 타인에게 명령받는 걸 좋아하는 사람이 있을까?
지휘, 명령, 통제의 단호한 화법은 강력한 지시의 기능은 할 수 있지만 상대방의 감정은 고려하지 않을 가능성이 높다.
따라서 *"의자에 앉으셔도 좋아요." "짐을 뒤로 옮기셔도 좋겠어요." "결과물의 품질도 중요하지만 데드라인도 지켜주면 정말 좋겠어요."* 처럼 *"~해도 좋아요." "~하면 좋습니다."* 와 같은 가능성 화법을 사용해 보길 추천한다.
가능성 화법은 심리적 안전감을 높이는 화법 중 하나로서 상대방에 대한 존중과 감정을 고려한 화법이다. 또한 상대방에게 어떤 행동을 해도 좋다고 넌지시 알려주는 화법이다. 그렇기에 이 말을 듣는 사람은 상대의 지시대로 행동하고 있어도 딱히 큰 저항감이 느껴지지 않는다.

하지만 이와는 반대로 "물건을 옮겨주세요.""자리를 옮겨주세요." "그렇게 하지 말아주세요." 등의 "이렇게 하세요, ~하지 마세요"와 같은 지시형 화법을 사용하면 행동을 강요하는 인상을 주어 상대의 방어기제를 일으킬 수도 있다. 물론 지시형 화법을 아예 쓰지 말라는 이야기가 아니다. 다만, 누군가의 심리적 안전을 고려하는 화법을 사용하고 싶다면 가급적이면 가능성 화법을 활용하는 게 효과적이라는 이야기를 하고 싶다.

두 번째는 복사화법이다.

복사화법이란 대화를 할 때 상대가 질문하면 그 말을 그대로 복사하여 질문하고, 상대가 대답하면 그 말을 그대로 복사하고 이해한 것을 바탕으로 되묻는 화법이다. 예를 들어, "팀장님, 이번 신제품 출시 프로젝트 건 말입니다. 일정이 너무 촉박해서 걱정됩니다. 중요한 클라이언트라 더욱 신경이 쓰입니다." 라고 보고를 들었을 때, 팀원의 말을 처음부터 끝까지 모두 들은 뒤 짧게 한번 정리해서 되묻는 것이다.

"아, 그러니까 강대리 말은 일정이 촉박해서 클라이언트와의 약속을 지키지 못할까 걱정이 된다는 말이지요? 이해합니다. 제가 잘 지원할게요. 제게 도움을 요청할 일을 알려주세요."

복사화법은 리더만 사용하는 것이 아니다. 팀원에 입장에서도 복사화법은 업무간 실수를 줄일 수 있는 강력한 화법이다.

팀장님이 이렇게 이야기한다.
"강주임님, 오늘 체육대회에 사용할 선풍기 3대 창고에서 가져와주세요."

팀원은 이렇게 복사화법을 사용할 수 있다.

"네 팀장님, 오늘 체육대회에서 사용할 선풍기 3대, 창고에서 가져오겠습니다. 팀장님 가져와서 어디다 두면 될까요?"

복사화법으로 되묻고 추가 궁금한 내용을 질문까지 한다면 더욱 금상첨화다.

일상 생활에서도 복사화법은 활용된다.
지방에서 올라온 엄마와 서울에 상경한 아들의 대화이다.

엄마: 아들, 엄마가 서울역에 저녁 6시 30분에 도착해~
　　　엄마 좀 태우러 나올 수 있니?
아들: 저녁 6시까지 서울역으로 태우러 가면 되지요?
　　　아! 엄마 저녁은 먹고 와요? 안 먹었으면 함께 먹고 들어오면 좋겠어요.

아내와 남편의 일상 대화이다.

아내: 여보, 나 변한 거 없어?
남편: 여보, 뭐 변한 것 같은데!
아내: 나 머리 했잖아.
남편: 아! 머리했구나.
아내: 이 머리 어디서 했게?
남편: 그 머리 어디서 했는데?
아내: 아파트 입구에 미용실이 하나 생겼는데 미용실 이름이 엄청 웃기다?
　　　헤어지지마 라고
남편: 아! 아파트 입구에 미용실이 하나 생겼구나, 헤어지지마? 엄청 웃기다.

주의할 점은 내용뿐만 아니라 상대의 말하는 속도와 톤까지 그대로 복사해 주어야 한다는 것이다.

복사 화법을 실천하면 실수를 줄일 수 있다. 예를 들어, 상대방이 "오렌지주스 좀 가져와 주세요." 라고 했을 때, 분명히 "네"라고 대답하고 서는 정작 물을 가져다주었다면, 이 상황이 만약 비즈니스에 관한 일이었다면 실수한 셈이다. 상대방의 모든 말을 다 복사해서 되물을 수는 없다. 다만 스스로 이해한 것을 바탕으로 되묻고 질문하는 화법으로 실수를 줄일 수 있다.

또한 복사화법을 사용하면 경청 실력이 늘 수 있다. "경청"은 말 그대로 '듣기 실력' 이다. 듣기에도 그냥 듣기, 대충 듣기, 들리는 대로 듣기, 해석하며 듣기, 요약하면서 듣기 등 정말 많은 듣기가 있다. 정말 잘 듣기란 굉장히 어려운 일이다. 상대방의 말을 끊지만 않아도 '듣기 고수'가 된다. 바쁜 일상속에서 상대방의 말을 끊지 않고 끝까지 듣는 다는 것은 참 어려운 일이다. 이럴 때, '복사화법'은 자연스럽게 듣는 인내심을 길러준다. 상대방의 말을 처음부터 끝까지 다 들어야만 '복사'할 수 있기 때문이다. 결국 복사화법이 자연스러워지면 공감적 경청으로 넘어가 신뢰를 주는 사람이 될 수 있다.

세 번째는 부가 의문문 화법이다.

여러분은 타인에게 지시를 잘 하는 편인가? 사회생활을 하게 되면 누군가에게 지시를 해야 할 때가 종종 있다. 하지만 지시를 제대로 할 줄 모르면 오히려 상대방의 반감만 사는 경우가 발생하다.

- 김주임, 오후 1시까지 워크샵 기획서 120부만 출력해주세요.
- 김주임, 저녁 7시에 중국집 30명 예약 좀 해주세요.

이렇게 지시와 명령을 그대로 사용해도 아무 이상이 없을 것 같지만, 위에 대사와 더불어 무미건조하고 날카로운 화법으로 지시가 되었다면 지시를 받는 사람에 따라 자기방어기제가 올라와 반감을 사는 경우를 종종 본다.

타인에게 지시를 해야 할 때는 부가 의문문을 활용할 수 있다. 부가 의문문은 대화 상대방의 의견이나 동의를 부드럽게 구하는 방법으로, 특히 업무나 일상적인 상황에서 효과적으로 사용할 수 있다. 부가 의문문은 지시어 뒤에 "어떻게 생각해요?" 혹은 "그래도 될까요?", "괜찮을까요?"와 같은 상대의 의사를 묻는 말을 덧붙여주는 것이다. 화법 뿐만 아니라 톤과 언어의 음색 또한 신경을 써야 한다.

- 김주임, 오후 1시까지 워크샵 기획서 120부만 출력 좀 해주세요. 괜찮을까요?
- 김주임, 저녁 7시에 우리 팀 회식일정이 잡혀 있네요.
  중국집 30명 예약 좀 해주세요. 괜찮을까요?
- 이번 주에 프로젝트 마감일이 다가오고 있어요.
  목요일까지 보고서 초안을 완성해주면 좋겠어요. 어떻게 생각해요?
- 우리 팀이 이번 달에 새로운 기획안을 내야 해요. 다음 주 월요일까지
  아이디어 회의를 가지는 건 어떨까요? 김주임은 어떻게 생각해요?
- 오늘 오후에 긴급 회의가 잡혔어요. 4시에 모두 회의실에 모일 수 있을지
  궁금하네요. 그래도 될까요?
- 내일 아침에 중요한 클라이언트 미팅이 예정되어 있습니다.
  미팅 자료 준비를 도와주면 좋겠는데... 어떻게 생각해요?
- 다음 주 월요일까지 제안서를 완성해야 합니다.
  오늘은 함께 야근을 좀 해야 할 것 같은데... 그래도 될까요?

네 번째는 I-Message 화법이다.

I-Message는 나-전달법으로 자신의 감정과 생각을 직접적으로 표현하는 화법이다. 효과적인 부모역할훈련(P.E.T)을 개발한 토마스고든(Thomas Gordon)이라는 학자에 의해 창시된 용어이다. 상대방을 비난하지 않고 문제가 되는 상대방의 행동과 그 행동의 결과를 구체적이고 객관적으로 기술함으로써 그 행동이 나에게 미친 영향을 구체적으로 전달해줄 수 있는 방법이다.

나-전달법은 상대방의 행동보다 행동의 결과에 감정을 표현하는 것이 핵심이다. 또한 문장의 주체를 바꿔서 표현하는 방법이다. 나-전달법은 자신(말하고 있는 사람)을 주어로 삼아 이야기하는 것이다. 예를 들어, 일주일에 3번이나 지각을 한 팀원이 있다면 다음과 같이 이야기할 수 있다. "저는 김주임님이 이번주에 3번이나 지각하셨을 때마다 팀에 부정적인 분위기를 주면 어떡하지? 라는 생각으로 불안하고 걱정되었습니다."

나-전달법에는 3가지 요소가 있다. 첫째는 상대의 받아들일 수 없는 행동을 비난이나 비평없이 서술하는 것, 즉 관찰한 사실을 이야기하는 것이다. 둘째는 상대의 행동이 나에게 미치는 영향을 구체적으로 서술하는 것이다. 셋째는 그 구체적인 영향에 대해 내가 느낀 감정이나 느낌을 전달하는 것이다.

다음 예시를 살펴보자.
"어제 회의에서 김주임님이 제 발표 도중에 여러 차례 말을 끊었어요 (첫째: 관찰한 사실). 그로 인해 저는 제 생각을 완전히 전달하지 못했고, 이는 프로젝트에 대한 우리 팀의 이해도에 영향을 미쳤습니다 (둘째: 영향을 서술). 그 상황에서 저는 매우 당황스러웠고 존중받지 못하는 기분이 들었습니다 (셋째: 감정 전달)."

또 다른 예시도 살펴보자.

"어제 보고서를 읽어보았는데, 몇몇 중요한 데이터가 빠져 있는 것을 발견했어요 (첫째: 관찰한 사실). 이것 때문에 저는 보고서의 전체적인 정확성에 대해 확신을 가질 수 없었고, 결정을 내리는 데 필요한 정보가 부족했습니다 (둘째: 영향을 서술). 이런 상황에서 저는 불안하고 혼란스러운 기분이 들었습니다 (셋째: 감정 전달)."

다섯 번째는 쿠션어 화법이다.

쿠션어 화법은 대화 중 갈등을 줄이고, 상대방과의 원활한 소통을 돕는 효과적인 방법이다. 일반적으로 대화에서 '아니', '근데', '그런데', '그게 아니라', '그러나', '하지만'과 같은 단어들을 사용하면, 이것이 상대방에게 반감을 일으키거나 방어적인 태도를 유발할 수 있다. 이러한 단어들은 대화의 흐름을 끊고, 상대방의 의견이나 감정을 무시하는 듯한 인상을 줄 수 있기 때문이다.

반면에 쿠션어 화법을 사용하면 상대방의 의견을 부드럽게 받아들이면서 대화를 이어갈 수 있다. 예를 들어, '잘 들었습니다', '잘 이해했습니다', '그렇게 생각하셨군요', '그런 느낌이 들으셨군요'와 같은 표현은 상대방의 말을 존중하고 이해하려는 태도를 보여준다. 이러한 표현들은 상대방에게 안정감을 주고, 대화의 긴장을 완화시킨다.

예를 들어, 직장 상사가 제안한 아이디어에 대해 "그게 아니라, 제 생각은…"라고 시작하는 대신에, "팀장님 아이디어 잘 들었습니다. 제 생각에 추가하고 싶은 점이 있어서 말씀드리려고 합니다."와 같이 시작하면 대화가 더 부드럽게 이어질 수 있다.

또한, 가정에서 배우자와 의견이 다를 때 "하지만 그렇게 하면 안 돼"라고 말하는 대신에 "그런 방법도 있구나, 혹시 이렇게도 해보는 건 어떨까?"와 같이 제안하면 상대방의 의견을 존중하면서도 자신의 생각을 전달할 수 있다.

쿠션어 화법의 핵심은 상대방의 의견을 존중하고, 그들의 입장에서 생각해 보려는 노력이다. 특히 의견 충돌이나 감정적인 대화가 예상되는 상황에서 유용하다. 상대방 관점을 인정함으로써 대화를 더 유연하고 생산적으로 이끌 수 있다.

여섯 번째는 지원화법이다.

지원화법은 아주 간단하다. "제가 도와줄 일이 있을까요?"를 질문하는 것이다. 상대방이 도움이 필요할 때 우리의 마음을 전달할 수 있는 화법이다. 일상생활에서 이 화법을 쓴다는 것은 사실 부담이 될 수도 있는 일이다. 상대방의 일을 도와주겠다는 말이기 때문이다. 추가의 시간과 에너지가 들어가기 때문이다. 그러나 이 화법은 상대방의 필요나 어려움을 인지하고, 그들에게 도움의 손길을 먼저 내미는 사랑의 화법이다. 이를 통해 대화 상대는 지원을 받을 수 있다는 안도감과 함께 자신이 소중하게 여겨진다는 느낌을 받게 된다.

예시를 살펴보자.

동료와의 대화에서 "이번 프로젝트 준비로 바쁘신 것 같아요. 제가 도와줄 일이 있을까요?" 이러한 말은 동료가 업무 부담을 느끼고 있을 때 지원을 제안하는 좋은 방법이다.

친구와의 대화에서 "최근에 많이 힘들어 보이던데, 내가 무엇을 도와줄 수 있을까?"라고 지원화법을 건넨다면, 친구가 어려움을 겪고 있을 때 그들에게 심리적 지지를 전달한다. 가족과의 대화에서 "여보 요즘 집안일이 많아서 많이 힘들었지? 오늘 내가 어떻게 도와줄 수 있을까?"라고 지원화법을 사용한다면 가족 구성원이 지쳐보일 때 도움을 제안할 수 있다.

지원화법을 사용함으로써 상대방은 필요할 때 도움을 받을 수 있음을 알게 되고, 이는 관계를 강화시키는 데 중요한 역할을 한다.

일곱 번째는 COP 화법이다.

만약 리더가 "김주임, 이번 달 말에 2박3일로 진행되는 창립기념일 기념 비전워크샵을 기획해보고 제게 전달해주세요."라고 이야기했다고 가정해보자. 간단해 보일지 모르지만, 업무를 지시받은 사람의 입장에서는 궁금한 일들이 발생한다. 무엇이 궁금할까?

어떤 맥락으로 워크샵이 진행되는지, 얼마의 예산이 필요한지, 제출 데드라인은 언제까지 생각하는지, 전달할 파일의 형식은 어때야 하는지 등 업무 지시자가 전달한 결과물을 탁월하게 만들기 위해서는 다시 질문해야 할 사항이 많다. 분주하게 흘러가는 현장에서 이런 업무지시의 장면들을 자주 목격하곤 한다.

업무지시자는 원하는 결과물을 얻기 위해서 COP 화법을 사용해보기를 권한다. COP는 맥락(Context), 결과물(Outcome), 원칙(Principle)을 말한다.

Context - 왜 해야 하는지

Outcome - 어떤 결과물을 원하는지
Principle - 업무를 수행할 때 반드시 지켜야 할 원칙은 무엇인지

이 3가지로 업무를 전달하면, 업무 지시자의 경우 얻고자 하는 결과물을 얻을 수 있고, 업무 실행자는 업무에 대한 이해도를 가지고 높은 수준의 성과를 만들 수 있다.
COP가 잘 이뤄지지 않는 이유는 대부분 '이렇게까지 상세하게 알려줘야 하나? 바쁜데?' 라는 이유 때문이다. 하지만 생각해보면 처음부터 제대로 지시하고 명확한 결과를 얻는 것이 제대로 이해하지 못해 두세 번 수정하는 것보다 효율적이다.

COP 화법을 적용한 업무 지시는 다음과 같다.

C(맥락) :
김주임, 오늘 아침 임원회의에서 대표님께서 창립기념일 행사를 특별하게 기획해보자고 강조하셨어요. 임직원들이 비전을 다시 새롭게 되새겨보자는 의미로 워크샵 이름도 '비전워크샵' 으로 정했습니다.

O(결과물) :
김주임이 PPT 20page 내로 비전워크샵 기획안 Ver.1을 제작해주면 좋겠어요.

P(원칙) :
내일 오후 3시까지 제 이메일로 결과물을 보내주시면 좋겠어요. 참고자료는 제가 이메일로 보내드린 것을 꼭 참고해주시고, PPT템플릿은 이번에 디자인팀에서 제작해준 자료를 활용해주세요. 회사 인트라넷에 있는 [디자인 자료 항목 27번] 입니다.

이처럼 COP 화법을 사용하면 업무의 지시자가 원하는 결과물을 얻을 수 있으며 업무를 실행하는 사람도 상대방이 원하는 결과물을 제작할 가능성이 높아진다. 업무지시자 뿐 아니라 업무의 실행자 또한 COP 화법으로 업무에 대한 궁금증을 질문할 수 있다. 맥락이 무엇인지, 결과물은 구체적으로 무엇인지, 해당 결과물에 대한 원칙은 무엇인지를 질문하여 상대방이 원하는 결과물을 명확히 알 수 있다.

심리적 안전감을 조성하는 데 중요한 일곱 가지 긍정화법을 제시했다. 이 화법들을 실제 상황에 적용해보며 연습하는 것이 중요하다. 처음에는 다소 어색할 수 있지만, 이러한 긍정화법을 지속적으로 사용함으로써 언어의 힘과 긍정적인 변화를 경험할 수 있을 것이다.

여기서 끝이 아니다. 리더가 사용할 수 있는 간단하면서도 강력한 긍정화법 20가지를 소개한다. 매우 짧게 느껴질 수 있지만 심리적 안전감을 이끄는 리더들의 긍정화법이다. 강력한 언어의 힘을 느껴보기 바란다.

먼저 구성원을 도전하고 격려하고 싶다면 다음 5가지 화법에 집중해보자.

1. 한번 해봅시다.
2. 충분히 해낼 거라 믿습니다.
3. 믿고 맡길 수 있어 감사합니다.
4. 계속 발전시켜 갑시다.
5. 제가 도전이 됩니다.

구성원들에게 이해와 공감을 표현하고 싶다면 다음 5가지 화법에 집중해보자.

1. 잘 해보고자 하는 마음이 느껴집니다.
2. 그 점을 높게 보고 있습니다.
3. 함께 공감하고 있습니다.
4. 어떤 마음인지 공감합니다.
5. 같이 한번 고민해봅시다.

구성원에게 응원과 지지를 보내고 싶다면 다음 5가지 화법에 집중해보자.

1. 응원합니다.
2. 저도 마음을 보탭니다.
3. 저도 함께 하겠습니다.
4. 함께 애써줘서 고맙습니다.
5. 분명 잘 될 겁니다.

구성원에게 수용과 학습의 메시지를 던지고 싶다면 다음 5가지 화법에 집중해보자.

1. 덕분에 많이 배웠습니다.
2. 고개가 숙여집니다.
3. 저도 한번 해보겠습니다.
4. 모두가 함께 배워야 할 것 같습니다.
5. 더 나아갈 수 있게 됐습니다.

20가지 긍정화법들을 입 밖으로 내 뱉으며 연습해보기를 바란다. 리더의 화법이 긍정적으로 변화면 조직 내 긍정적 에너지는 빠르게 확산될 것이다.

지금까지 리더의 언어역량의 중요성과 긍정화법 사례들을 알아보았다. 결국 리더의 품격 있는 언어를 통해 조직의 심리적 안전감을 만들고 명확한 방향을 제시하여 성과를 창출하는 데에 목적이 있다. 이후 2강에서는 조금 더 현실적인 상황을 나눈다. 특히 구성원이 직장생활을 시작하고 끝마치는 순간까지의 중요한 장면들을 준비했다. 직원 여정이라고도 불리는 중요한 순간들마다 리더는 과연 어떤 긍정화법을 통해 심리적 안전감과 더불어 조직몰입을 이끌 수 있는지 알아보자. 리더의 긍정화법은 심리적 안전감을 만들 뿐 아니라 조직 구성원들간의 사적 친밀감과 업무적 친밀감을 높여 성과를 내는데 도울 수 있다. 리더라면 마주할 수 있는 현실적인 상황들을 준비했다. 상황 별 화법들을 함께 따라 읽어보며 어떤 뉘앙스와 톤으로 말해야 팀원이 심리적 안전감을 느낄 수 있을지에 대한 고민을 함께 해보기를 바란다.

✳

심리적 안전감을 만들기 위해서는
팀내 공동으로 합의된 미션과 목표,
명확한 책임과 역할, 일의 의미 등이 필요하다.
그중에서도 리더의 언어역량,
그중 긍정적인 화법은
심리적 안전감을 키우는 기름과도 같다.

02

직장생활,
상황별 메시지의 품격

> 리더는 길을 알고,
> 그 길을 가며,
> 길을 안내하는 사람이다.
>
> *John Maxwell* (리더십 전문가)

> 01

입사 첫날 마음을 사로잡는 메시지의 품격

입사 첫날은 소개팅 첫만남과 같다. 상상 한번 해보자. 저녁 6시 합정역 7번 출구 앞 멋진 레스토랑에서 소개팅 일정이 잡혀 있다. 먼저 도착해 자리에 앉아 소개팅 상대를 기다리고 있다. 그리고 문이 열리고 상대방이 들어와 자리에 앉는다. 이 장면에서 어떤 메시지가 오고 가야 좋은 첫 인상과 관계를 맺어 갈 수 있겠는가? 어떤 이는 소개팅에서 첫 인상이 결정되는 순간은 불과 3초라고는 하지만, 그 이후 오고 가는 메시지의 내용이 둘의 관계를 더욱 가깝게 할 수도 멀게 할 수도 있다고 생각한다. 그래서 첫 만남의 순간은 관계의 첫 단추인 듯하다.

첫 만남이 관계의 첫 단추이듯, 신입사원에게 입사 첫날은 회사와의 관계의 첫 시작인 날이다. 첫 소개팅에서의 메시지가 관계의 결정짓듯, 신입사원의 입사 첫날에 전해지는 메시지도 품격과 의미가 있어야 한다. 첫 만남에서 전하는 말 한 마디, 표정 하나가 상대방에게 강한 인상을 심어줄 수 있다. 회사에서도 마찬가지다. 신입사원에게 전달되는 메시지에는 기업의 문화, 가치관, 그리고 상호 존중의 태도를 반영해야 한다.

첫 소개팅에서는 솔직함과 진정성 있는 모습과 긍정적 언어를 사용하는 것이 중요하다. 비슷하게, 신입사원에게도 회사에서의 역할과 기대, 그리고 함께 성장하고자 하는 의지를 자세히 전달해야 한다. 첫 만남에서 상대방과의 의사소통이 중요하듯, 신입사원에게도 소통의 중요성을 강조하는 것이 필요하다. 팀원들과의 원활한 소통을 통해 조직의 발전에 기여하고, 자신의 역량을 향상시켜 나갈 수 있도록 격려의 메시지가 전달되어야 한다.

이렇게 품격 있는 메시지를 통해 신입사원은 회사에 대한 존경과 열정을 가지며 새로운 여정을 시작할 것이다. 첫 만남이 그들의 직장 생활에 긍정적인 흐름을 만들어낼 수 있도록 최선을 다해야 한다.

Situation 01
"따뜻하게 마음을 녹이다"
입사 첫날 아침을 여는 메시지

어렵게 취업한 회사에서 1년을 채우지 못하고 퇴사하는 신입사원이 5명 중 1명에 이른다고 한다. 취업사이트 잡코리아가 신입사원을 채용한 중소기업 543개사를 대상으로 '신입사원 조기 퇴사 현황'에 대해 설문조사(2020년)를 진행한 결과를 공개했다.

'입사한 지 1년 이내에 퇴사한 신입사원이 있는지' 조사한 결과 77.3%가 '있다'고 답했다. 조사에 참여한 기업 5곳 중 약 4개 사가 조기 퇴사한 신입사원이 있다고 답한 것이다. 이들이 밝힌 신입사원 조기 퇴사율은 평균 20.2%로 나타났다.

조기 퇴사자의 절반은 '입사 후 3개월이내'에 회사를 떠난 것으로 조사됐다. 조기 퇴사자의 근무기간을 조사한 결과 '입사 후 1개월이상 3개월미만'에 퇴사한 신입사원이 37.6%로 가장 많았고, '입사 후 3개월이상 6개월미만'이 27.6%로 그 다음으로 많았다. 또 '입사 후 한 달 안에' 퇴사한 신입사원도 17.6%로 적지 않았다. 특히 신입사원 조기 퇴사자 중 '입사 후 3개월이내'에 퇴사한 경우가 55.2%(17.6%+37.6%)로 절반이상으로 많았다.

대퇴사의 시대, 인재전쟁이라는 키워드가 등장할 정도로 인재시장의 척도가 변했다. 이럴 때일수록 인재를 확보하고, 정착하고, 배치하는 과정에서 기업은 세심한 부분들을 잘 설계하여 인재를 데려오는 것이 중요하다. 인재가 입사하는 것뿐 아니라 몰입하는 환경을 설계하는 것이 더욱 중요해진 시대이다. 회사의 방향성과 핵심 가치에 공감되는 가치적 몰입과 팀의 목표와 나의 업무가 어떻게 정렬되어 있는지에 대한 집중적 몰입이 중요하다. 조기 퇴사를 방지하고 우리 조직의 가치적 몰입과 집중적 몰입을 이끌기 위해서는 반드시 수반되어야 하는 것이 있는데 바로 정서관리이다. 그리고 정서관리는 동료 간의 원활한 소통을 통해 차츰 형성된다. 동료와의 소통이 잘되는 조직은 심리적 안전감을 갖춘 상호관계 속에서 대화의 양도 양이지만 대화의 질이 중요하다고 한다. 결국 소통에 집중하는 것은 구성원들에 몰입을 높여 공동의 목표를 달성하는 궁극적 지향점에 맞닿아 있다고 볼 수 있다. 그리고 이를 공감하고 직원 여정의 순간을 세심하게 설계하고 적극적으로 소통해가는 조직들도 눈에 보인다. 존 디어 사례를 살펴보자.

미국의 중장비, 농기계 제조업체 존 디어사는 신입사원이 출근 첫날을 전환의 기회, 절정의 기회로 여겨지도록 설계하는 것으로 유명하다. 출근 하루 전, 입사와 관런해서 자세한 안내 문자를 발송한다. 입사 첫날, 회사에 도착하면 회사 모니터에는 '우리 회사에 온 걸 환영합니다. 앞으로 인생에서 가장 중요한 일을 하게 된 것을 환영합니다.' 라는 환영의 문구가 반기고 있다. 회사 이메일 계정에는 이미 CEO의 환영인사 영상이 도착해 있다. 그리고 그 메시지에는 신입사원을 축복하고 환영한다는 진심 어린 메시지들이 담겨 있다. 모든 직원들은 외면하지 않고 먼저 다가와 반가운 인사말을 건넨다. 어떠한가? 입사 첫날 나를 반겨주는 사람들 그리고 그들의 환영의 메시지, 입사 첫날 잊지 못 할 기억을 선사하는 메시지는 과연 무엇이었을까?

이런 순간들은 신규 입사자에게 결정적 순간으로 다가온다. 이는 직원의 업무능력과 근속률을 높여주며, 누구라도 먼저 입사하고 싶은 기업으로 발전하는데 영향을 끼친다. 우리의 작은 관심이 큰 힘의 결과를 만들어 낸다. 그렇기에 입사 첫날 신입사원에게 전달되는 메시지의 품격은 매우 중요하다.

2강에서는 직원들의 여정 중 중요한 순간마다 리더가 전할 수 있는 메시지의 품격을 소개하고자 한다. 먼저는 입사 첫날에 리더가 구성원에게 전할 수 있는 메시지의 품격을 소개하고자 한다. '사람에게 문제를 찾지 말고 환경을 설계하라' 라는 말이 있듯 순간마다 품격이 느껴지는 메시지를 소개하여 누구나 사용할 수 있도록 나누고 싶다.

입사 첫날 중요한 순간들을 먼저 나누고 상황별 대화를 보자.
먼저 첫 번째 상황은 입사 첫날 아침의 메시지다. 기존 직원들에게 회사는 너무나도 익숙한 공간일 테지만, 신입사원에게는 회사로 오는 길도, 회사의 정문도, 사무실로 올라오는 엘리베이터도, 또 나의 책상까지 모두 어색하고 긴장감을 늦출 수 없는 익숙하지 않은 환경일 것이다. 이때 첫날 분위기를 편안하게 하고, 심리적 안전감을 만들 수 있는 메시지의 품격이 필요하다.

다음 대화를 보자

> 리더: 아 오셨어요? 자리는 저쪽 빈자리에 앉으시면 돼요.
> 신입사원: 아...네. 감사합니다. 이쪽에 앉으면 될까요?
> 리더: 네, 거기 앉으시면 돼요.
> (다른 동료에게 소리치며) 김주임! 신입사원 누가 안내해주기로 했지? 내가 하면 되나?

위 대화문은 입사 첫날 아침 지양해야 할 대화문이다. 신입사원이 처음 입사했을 때 환영과 인사는 매우 중요하다. 위 대화에서는 환영의 메시지가 느껴지지 않는다. 또한, 미리 준비되어 있지 않은 환경 설계는 신입사원이 마음의 문을 닫게 되는 결정적인 순간이 될 수 있다. 리더의 말을 통해 첫 만남에 대한 미흡한 준비가 고스란히 전해진다. 신입사원의 입사 첫날에는 반드시 환영의 설계와 리더의 적극적 관심이 필요하다.

다음의 대화도 살펴보자.

> 리더: (자리에서 일어나 신입사원분에게 다가가 밝게 웃으며) 환영합니다. 함께 일하게 되어 참 기쁩니다. #환영
> 신입사원: 네, 반갑습니다. 기대되면서도 떨립니다.
> 리더: 맞아요. 그런 기분은 모두가 다 가지고 있죠. 현지씨와 함께 일할 수 있음이 저희에게 큰 기쁨입니다. 새로운 동료를 만나게 되어 기쁘고 함께 달성해 갈 목표와 성장이 정말 기대됩니다. #관심
> 신입사원: 환영해 주셔서 감사합니다.

> 리더: 현지씨의 도전과 성장을 잘 돕고 싶어요. 저희 팀은 서로의 강점을 존중하며 함께 발전하는 문화를 중요시하고 있어요.
> 함께 잘해봅시다. #격려
> 신입사원: 좋은 분위기에서 일하게 될 것 같아 기대됩니다. 감사합니다.
> 리더: 우리 함께 잘해봐요.

위의 대화문은 어떠한가? 신입사원으로 하여금 좋은 인상을 주지 않겠는가? 입사 첫날에 메시지의 품격을 만드는 3가지 키워드가 있다.

바로 [환영 / 관심 / 격려]이다. 상대방 그 존재 자체를 환영하는 메시지, 상대방에게 관심을 갖고 기대하는 메시지, 리더로서 격려의 메시지이다. 이 3개의 키워드가 포함된다면 상대방은 리더와의 첫 대화에서 품격과 권위를 느낄 수 있을 것이다.

또 다른 대화를 보자.

> 리더: 안녕하세요! 만나서 반갑습니다. 저는 손창훈 과장입니다.
> 신입사원: 반갑습니다. 과장님! 오늘 처음 입사하게 된 유하림 사원입니다.
> 리더: 반가워요. 함께 하게 되어 기뻐요.
> 새로운 동료를 맞이하는 건 항상 특별한 일인 것 같아요.
> 유하림 사원님과 함께 할 일들이 기대됩니다. #기대
> 신입사원: 감사합니다. 노력하겠습니다.
> 리더: 노력한다고 해주니 제가 감사하네요. 첫날이라 긴장도 되고
> 많은 부분 어색할 수 있는데 저에게 궁금한 점은 질문해주세요.
> 잘 돕겠습니다. #격려
> 신입사원: 좋은 팀에서 함께 일하게 되어 기뻐요. 감사합니다.
> 리더: 함께 잘 해 봅시다.

첫 만남에서 이름을 서로 밝히고 상대방의 이름을 불러주는 것은 상대방을 존중하는 태도이다. 또한 첫 만남의 가치를 부여하고 특별한 날임을 표현해주는 것도 중요하다. 대화를 할 때는 반말보다는 존댓말을 사용할 수 있도록 하며, 첫 대화인 만큼 밝고 기대감을 주는 미소와 톤과 몸짓을 기억해보자.

> 리더: 안녕하세요! 만나서 반갑습니다. 하림사원님 맞으시지요?!
> 신입사원: 네 맞습니다! 반갑습니다.
> 리더: 반가워요! 지난 주부터 입사하신다는 소식을 듣고 얼마나 기대했는지 몰라요!
> 신입사원: 아 그런가요? 밝게 환영해 주셔서 감사합니다.
> 리더: 오늘 첫날이라 많이 긴장되고 어색한 상황이 많을 거예요. 그렇지만 팀원들이 많이 도와줄 겁니다. 걱정보다는 기대하는 마음으로 오늘 하루 잘 시작하면 좋겠어요. 저에게도 언제든 질문해주세요.
> 신입사원: 감사합니다.
> 리더: 잠시 후 10분 뒤에 A회의실에서 입사 첫날 일정 안내와 하림사원님이 빠르게 적응할 수 있는 교육들을 자세히 안내해 드릴게요. 먼저 자리에 앉아서 하림사원님을 위한 웰컴키트와 입사 첫날 프로그램을 확인하며 기다려 주시면 되겠습니다.
> 신입사원: 네. 10분 뒤에 A회의실에서 뵙겠습니다. 감사합니다.
> 리더: 다시 한번 함께 일하게 되어 너무 기뻐요. 잠시 후에 봬요.

먼저 입사자의 이름을 불어주며 첫 인사를 한 점이 참 좋다. 상대방의 이름을 기억하고 불러준다는 것은 상대방에 대한 존중의 표현이기 때문이다. 또한 상대방을 기다리며 기대했다는 표현 또한 상대방에게 좋은 인상을 심어줄 수 있다. 누군가 나를 기다렸다는 것은 고마운 일이기 때문이다. 공감과 격려의 메시지 또한 입사 첫날 긴장한 상황의 입사자에게는 큰 감동이 다가온다. 미리 준비된 입사 첫날 프로그램을 기반으로 정확한 시간과 장소를 안내하여 예정된 교육을 진행하는 모습 또한 입사자에게 좋은 첫인상을 주는 방법이다. 대화의 마지막은 늘 긍정어로 마무리하는 것을 추천한다.

Situation 02

"가슴이 뛰는 미션과 비전"
점심식사 메시지

언더백(U-100) 기업에게 있어서 인재는 긍정적인 영향 혹은 부정적 영향을 줄 수 있는 다양한 가능성의 존재다. 이러한 영향을 고려해 경영자는 몇 번의 면접을 통해 신중하게 인재를 채용한다. 하지만 입사한 지 얼마 안 된 직원이 면접 때와는 다르게 열정은 온데간데없이 사라지고, 더 이상 리더의 말이 안 통하게 변했다면 경영자는 무엇을 놓친 것일까?

미국으로 이민 갔을 때 공항에 누가 마중을 나오냐로 그 사람의 미국 생활이 좌우된다는 말이 있다. 경영자가 주목해야 할 기회의 인사이트로 '신입사원의 입사 첫날 점심 식사'를 소개한다.

교육 현장에서 20년의 경험을 가진 가인지컨설팅그룹 김경민 대표는 "교육의 효과가 10배가 되는 지점을 '10X 포인트'라 부른다. 기업에서 이 포인트는 입사 첫날, 승진한 날, 직무 배치한 날 등이 있다. 입사 첫날 점심 식사를 누구와 먹느냐가 입사 초기 적응을 좌우한다."며 점심시간에 주목했다.

열정을 가득 가지고 입사한 직원이 대리급 직원과 식사를 했을 때 긍정적인 상사라면 오히려 회사 문화, 에티켓 등을 배우며 긍정적인 영향을 받을 수 있다. 반대로 "사장님이 저런 얘기하는데, 실제로는 저렇게 하면 안 돼.", "사장님이 이야기해도 소용없어. 상무님 이야기 들어", "회의 시간에 말 너무 많이 하지 마" 등 회사의 언더그라운드 이야기를 들려주는 직원과 밥을 먹을 수도 있다. 이미 회사에 대한 실망과 굳어져 버린 사고방식을 주입 받은 신입 직원은 그 뒤에 경영자가 어떤 이야기를 해도 들으려 하지 않게 된다.

경영자는 신입사원의 첫날 점심 식사를 통해서 경영자의 철학, 회사의 가치, 기대하는 바를 전달하며 신입사원과의 첫 소통의 문을 여는 것이 중요하다. 이 점심 식사의 핵심은 '임파워링(Empowering)'에 있다. 신입사원에게 격려와 임파워링을 통해 '경영자가 나를 믿어준다는 확신'을 준다. 한 달에 한 번 직원들과 다 같이 먹는 점심 식사는 포함되지 않는다. 퇴근 후 회식도 마찬가지다. 가능한 1:1로 고객과의 약속처럼 입사 첫날 점심 식사를 먹는다면 인재 양성의 초석을 마련할 수 있다.

다음 대화를 살펴보자.

> **리더**: 우현씨, 맛있게 먹어요. 참, 우리 팀 김대리랑 심대리는 이번 달에 퇴사해요. 계속 회사랑 맞지 않는 부분이 있었어요. 안 맞으면 나가야지 뭐~ 빨리 인수인계 받아야 할 거예요.
> **신입사원**: 아 그렇군요. 최대한 빠르게 업무 전달받겠습니다.
> **리더**: 아, 맞다. 일할 때 중요한 한 가지 알려줄게요. 상무님이랑 전무님 의견이 서로 다를 때가 많아요. 그때는 무조건 상무님 라인에 서면 돼요. 그게 이 회사에서 오래 살아남을 수 있는 방법이에요.
> **신입사원**: 네, 김 팀장님. 알려주셔서 감사합니다….

위 대화문은 입사 첫날 나누기에 바람직하지 않은 대화이다. 신규 입사자와의 대화에서 부적절한 견해와 정보, 팀 내 부정적 분위기 및 권력 관계를 전달하는 것은 지양해야 한다. 이는 새로 입사한 신입사원의 심리적 안전감을 무너뜨릴 수 있는 강력한 요인이 되기 때문이다. 또한 입사 첫날 혼란을 주며 그로 하여금 조직 정착에 부담스러운 상황을 만들 수 있으니 주의해야 한다.

다음은 바로 사용해보면 좋을 대화문이다. 대화의 순서는 라포 형성, 비전 제시, 기대감 제시이다. 다음 대화문을 보며 상황별로 적용점을 찾아보자.

#라포 형성

리더: 반갑습니다 진호씨. 입사 첫날은 리더와 함께 식사하는 것이 우리 회사의 문화입니다. 근처에서 가장 맛있는 곳으로 예약해 두었어요. 그쪽으로 가시죠.

신입사원: 네, 감사합니다. 이렇게 1:1 식사하는 문화도 있고 신기합니다.

리더: 그만큼 중요한 날이잖아요. 오전에 경험해보니 좀 어때요? 우리 팀원들이 진호씨 입사를 아주 기대하고 있었거든요.

신입사원: 기대해 주셔서 감사합니다. 일하는 분위기와 소통하는 방식도 모두 자유롭고 활발해서 참 좋았습니다.

리더: 맞아요. 우리는 자율과 책임 문화를 지켜내려고 애쓰고 있습니다. 시간이 아닌 목표 중심으로 일하는 조직이니 마음껏 진호씨의 도전을 해 나가기를 바랍니다.

위 대화문은 어떠한가? 리더와의 첫 식사에서 가장 중요한 것은 라포 형성이다.

이제 공동의 목표를 달성해 나가는 한 팀이 되었으니 면접이 아닌 대화를 해야 함을 잊지 말자. 리더와 팀원이기 전에 사람과 사람 사이의 관계가 긍정적으로 형성된다면 이후 업무 몰입에도 크게 도움이 된다. 그렇다고 아주 사적인 영역의 대화를 하자는 것이 아니다. 연애, 결혼, 자녀 등 사생활에 관련된 대화는 오히려 부담감을 줄 수 있다. 그렇다면 일터에서 우리가 어떤 대화로 관계를 쌓아 나가야 할까? 가장 우선시되는 주제는 바로 우리의 업무 관련이다. 위 대화처럼 회사의 조직문화, 일하는 방식, 핵심가치 등에 대해서 가볍게 이야기 나눌 수 있다. 대화를 통해 서로의 역할과 책임을 이해하고 팀의 협업에 도움이 되는 정보를 주고받는 것이 좋다.

#비전 제시

리더: 진호씨, 우리 회사는 '사람들의 일상을 향기롭게 하자' 라는 미션이 있습니다. 회사가 창립되었을 때부터 '최고의 향수 브랜드를 만들어서 고객들에게 탁월한 제품과 서비스를 제공해보자' 라는 것이 우리의 방향성이었어요. 그래서 3년 이내에 PB브랜드 구축과 역수출에 집중할 계획입니다.

신입사원: 그렇군요, 팀장님. 우리 회사의 비즈니스 영역이 더 넓어져서 좋습니다.

리더: 우리나라 뿐만 아니라 해외 고객들에게도 우리의 제품이 그들의 일상이 되길 꿈 꾸고 있습니다. 이 설레는 비전에 함께 해주어 고맙습니다. 앞으로도 해외 고객 대상으로도 진호씨의 마케팅 역량이 필요해질 테니 잘 준비해 주세요.

신입사원: 네 팀장님! 저도 이 비전을 위해 얼른 업무 실력과 역량을 쌓아가겠습니다.

신규 입사자가 입사 첫날 반드시 들어야 하는 주제는 바로 회사의 방향성과 비전에 대한 이야기이다. 특별히 그의 성장에 책임이 있는 리더와의 대화라면 더욱 그렇다. 이 대화를 나눔으로 인해 전사가 가고자 하는 방향에 주파수를 맞추는 작업이 진행되는 것이다. 세상에서 가장 슬픈 일은 결과와 성과가 나지 않는 일을 죽도록 열심히 하는 일이다. 어떻게 하면 우리 구성원들이 조직의 성장을 함께 맛볼 수 있을까? 바로 회사의 방향성과 얼라인되어 몰입하고 도전하는 과정에서 개인의 성장, 조직의 성장을 경험할 수 있다. 그가 일터에서 쓰는 하루 1/3 이상의 시간을 더욱 의미있고 가치있게 만들어 주고 싶다면 조직의 비전과 방향성을 반드시 나누길 바란다.

#기대감 제시

> 리더: 진호씨, 이전 경험들을 보니 브랜드 구축부터 온드/언드 미디어 유입을 통해 재고 완판까지 이뤄낸 결과가 있더라구요. 참 대단하던데요?
> 신입사원: 감사합니다. 같이 협업했던 동료들 덕분에 가능한 성과였습니다.
> 리더: 우리 회사도 진호씨 개인과 팀의 성장을 무엇보다 기대하며 지원해줄 계획입니다. 우리가 그동안 시작하지 못했던 마케팅 영역을 진호씨가 뚫어 주기를 기대하고 있습니다. 최대한 많은 타겟 고객들에게 우리의 제품을 각인시키는 역할을 잘 맡아주세요.
> 신입사원: 네, 팀장님. 우리 제품을 탁월하게 전달할 수 있도록 다양한 시도와 피드백 해 나가겠습니다.

입사 첫날 신규 입사자와 대화할 때 그의 이력서, 자기소개서 등을 다시 한번 확인하여 어떤 경험과 성과가 있는지 리마인드 하는 것을 강력 추천한다. 이 또한 그에 대한 관심과 배려이다. 한번 상상해보자. 모든 입사자들은 제 각기 치열한 면접 과정을 뚫고 입사한다. '이 회사가 정말 나에게 맞는 곳일까?', '얼마나 다닐 수 있을까?'

라는 불완전한 마음도 함께 존재할 것이다. 이때, 나의 리더가 이전 경험들을 파악하여 새롭게 도전할 영역을 개별화하여 소통해 준다면 얼마나 안심감이 들 것인가? 입사자의 역량을 바탕으로 우리 조직에서 어떤 역할을 해주기를 기대하는지 리더의 언어로 명확하게 소통해 주는 것이 중요하다.

Situation 03

"3개월 동안 뭘 해야 할지 보인다"
목표가 선명해지는 메시지

최근 눈에 띄는 기사 하나를 발견했다.

'신입사원님, 제발 떠나지 마소서' 회사가 자세를 낮췄다 라는 제목의 기사였다. 신규 직원이 조직에 적응하고 안착하도록 돕는 과정을 뜻하는 '온보딩'이 기업 인재 유치의 핵심 전략으로 떠오르고 있다는 내용이었다. 토스나 카카오뱅크 같은 기업은 아예 온보딩 직무를 전담하는 직원을 따로 뽑을 정도다. 평생직장의 개념이 사라지고 이직 시대가 도래하면서 쉽게 떠나는 인재를 붙잡으려는 노력이 한층 치열해진 것이다. 구인 구직 포털 잡코리아의 직장인 설문조사에 따르면, 작년 기준 1년 차 신입 사원의 이직 경험률은 77.1%에 달했다. 2010년만 해도 이 비율은 37.7%에 불과했다고 한다.

코로나 팬데믹으로 원격 재택근무가 일상이 되면서 온보딩 필요성은 더욱 부각됐다. 직장 동료와의 소통이 줄고 회사에 대한 소속감이 현저히 떨어지면서 입사 몇 개월 만에 훌쩍 떠나는 직원이 늘어난 것이다. 그러자 기업들도 단순 직무 교육을 넘어 구애활동을 하는 마음으로 온보딩에 임하고 있다.

온보딩이란, 조직 내 새로 합류한 사람이 빠르게 조직 문화를 익히고 적응하도록 돕는 과정을 의미한다. 조직적 사회화라고도 하는 온보딩은 신입사원이 구성원으로 정착하기 위해 필요한 지식, 기술 및 행동을 습득하는 메커니즘을 말한다. 새로운 직원을 조직과 문화에 통합시키는 과정이다. 자, 어떠한가? 우리 조직은 신입사원 온보딩 과정에 정성을 쏟고 있는가? 아니면 이전과 같은 방식으로 알아서 잘 정착하기만을 기대하고 있는가?

입사 첫날, 신입사원과의 명확한 목표설정은 온보딩을 돕는 강력한 방법 중 하나이다. 리더라면, 경력직으로 들어온 직원이 신입사원에 비해 좀 더 성과를 내주고, 해결되지 않던 과제에 새로운 흐름을 만들어 주길 기대하는 것은 당연한 일이다. 하지만 경력직원이 모든 상황에서 이러한 기대를 충족시켜주지는 못한다. 시간이 흐를 수록 경영자는 초조해지기 마련이다. '헉!'했던 마음이 '이 사람과 함께해도 괜찮을까?'로 기울어질 수 있다. 경영자가 주목해야 할 것은, 경력직이든 신입이든 새로운 사람이 입사할 때 이 사람이 어떤 영역에서 문제를 해결하여 성장하기를 기대하는지 입사 첫날 분명히 안내해주는 것이 필요하다는 것이다. 최소 3개월 동안 뭘 해야 할지를 소통해줘야 한다. 핵심은 조직의 인재가 새로운 환경에서 어떤 역할, 어떤 과업에 집중해야 하는지 소통하는 것이다. 3개월간의 목표 설정 및 합의를 통해 기업과 개인의 우선순위가 무엇인지 서로 인지하고 안정감을 느낄 수 있게 하자.

다음의 대화를 살펴보자.

> 입사자: 팀장님, 저 그럼 어떤 것부터 시작하면 될까요?
> 리더: 어, 그러게요. 오늘은 우선 사내 인트라넷 살펴보면서 적응하고 있으세요. 그 이후에 줄 업무가 있으면 알려줄게요.
> 입사자: 네, 팀장님. 우선 인트라넷 살펴보고 있겠습니다.

한 커뮤니티 사이트에 이런 화제의 글이 올라온 적이 있다. '중소기업에서 일이 없어서 고민인 직장인'이 제목이었다. 글쓴이의 말을 요약해 보면 오전에는 인터넷 기사 검색, 점심 식사, 오후 1시간은 타부서와 간단한 업무 협업, 그 이후 4시간은 멍 때리다가 퇴근이 하루의 일과라는 것이다. 수습 3개월 때는 회사 적응기라 일부러 일을 안 주는 줄 알았는데 7개월째 업무가 없다고 한다. 치열하게 살아가는 다른 직장인들은 '와, 저렇게 월급 받아가네. 부럽다.' 할 수도 있지만 글쓴이와 댓글의 반응은 전혀 그렇지 않았다. 일이 너무 없다 보니 회의감도 많이 들고 미래에 대한 불안감이 쌓여만 간다. 무엇이라도 배워야 나중에 이직할 때 도움이 될 텐데 물경력이 될까봐 두렵다는 것이다.

'팀원이 업무에 전혀 몰입하지 못해요.', '계속 여기서 일할 사람인지 모르겠어요' 등 리더들의 불안감도 있다. 그러나 이 현상은 어디까지나 업무에 몰입하는 환경을 만들어주지 못한 조직의 책임이 크다. 입사 후 3개월, 통상 수습기간이라 부르는 그때에 안정감 있는 온보딩을 도와주어야 한다.

다음의 대화문을 참고하여 어떻게 소프트한 랜딩을 도울 수 있을지 살펴보자.

> **리더**: 수정님, 앞으로 3개월 동안 MD팀에서 어떤 역할과 목표로 도전하면 좋을지 제가 미리 고민해 보았어요. 지금 공유해 줄 테니 수정 보완이 필요하다면 편하게 말해주세요.
>
> **입사자**: 네, 팀장님. 제가 성장해야 할 부분에 대해 미리 고민해 주셔서 감사합니다.
>
> **리더**: 물론이죠. 제가 작성한 자료를 보면서 이야기하죠.
> 우선 3개월 동안 크게 3가지 영역에서 도전과 성장이 있었으면 합니다. 첫째, 입점 브랜드 매출과 프로모션 관리, 둘째, 신규 브랜드와 상품 발굴 및 소싱, 셋째, 해외 구매 대행 상품 라인업 확장입니다.

> 입사자: 네, 팀장님. 명확한 목표가 있어서 무엇을 해야 할지 보이는 것 같습니다. 감사합니다.
> 리더: 이 3가지 목표에 진척과 성장이 있을 수 있도록 적극적으로 돕겠습니다. 언제든지 도움을 요청해 주세요.

이전의 대화문과 다른 점은 무엇인가? 바로 3개월 간의 명확한 기대 역할과 목표를 리더가 먼저 고민하고 입사자와 나눈 것이다.

온보딩은 언제부터 시작되는 것인가? 많은 기업에서 온보딩을 입사 첫날부터 신경 쓰는 경우가 더러 있다. 그러나 어렵게 채용한 인재의 정착을 위해 우리는 입사 전부터 준비해야 한다. 면접 과정을 통해 파악한 그의 강점, 우리 부서의 필요에 맞춰 그에게 주고 싶은 도전과제를 미리 고민하는 것이다.

가인지컨설팅그룹은 언더백 기업 내 성공적인 온보딩을 돕기 위해 '3·5 카드'라는 양식을 활용한다. 입사자가 수습기간 중 실행하게 될 '3대 과업 5대 해결과제'를 정리하여 기술하는 양식이다. 입사자가 3개월 간 집중해야 할 역할과 과업이 무엇인지를 명확히 소통하는 좋은 도구이다. '성과'라 함은 리더와 실무자 간의 사전 합의된 목표를 일컫는다. 사전 합의된 목표가 없다면 어떠한 것도 성과라 할 수 없는 것이다. 회사와 입사자 모두에게 탁월한 선택이었음을 증명할 수 있도록 명확한 목표를 제시하자.

(3·5 카드 샘플 →)

35 CARD

☑ 입사 ☐ 인사 이동

| 이름 | 강하나 | 소속/지위 | 인사팀/과장 | 작성일 | 2024.01.10 |

3 | 3대 과업

우선순위	역할	핵심내용
1	OKR을 통한 목표관리, 성과관리 조직을 만드는 것	주간 스프린트 미팅 관리, OKR 프로젝트 실행률 상승
2	A급 인재확보를 통해 실력 있는 조직을 만드는 것	A급 인재 유지, 직원 유지율 관리
3	일을 더 잘 할 수 있는 환경의 조직 문화를 만드는 것	직원 만족도 체크관리, 사내 개선사항 해결

5 | 5대 해결과제

우선순위	제목	달성 되었을 때 모습	해결 아이디어	시기
1	OKR로 일하는 문화 만들기	• 전사 OKR 1분기 수립 완료 • OKR 운영 패키지 V1 완성	• 한국식 OKR 도입 사례 확보 • 분기 피드백을 지식페스티벌과 연계 진행	2개월 ~ 3월 28일
2	직원의 성장을 돕는 시스템 구축	• 교육시스템 설계 V1 • 자기성장 PT 이수율 100%	• 가인지캠퍼스(온라인 플랫폼)를 통한 교육 이수 • 신규입사자 대상으로 자기성장 PT 교육 진행	3개월 ~ 4월 22일
3	개발자 채용하기	• 개발자 채용 2명	• 인재서칭 (일일 30분 핵심습관) • 전문가 Pool이 확보된 사이트 탐방, 유료공고 진행	3개월 ~ 4월 11일
4	신규입사자의 정착을 돕는 온보딩 프로그램	• 신규입사자 정착률 100% • 신규입사자를 위한 온라인 일잘북 (가이드북) 완성	• 기존 교육자료 온라인화 진행 • 각 부서 교육 일정, 지식 리스트 파악	3개월 ~ 4월 11일
5	직원들이 일에 몰입하도록 돕는 조직문화 버전업	• 직원들의 만족도 향상 (기존 80점 → 90점) • 개선사항을 통한 일의 효율성 증가	• 연간 피드백 설문조사 결과 분석 • 3대 해결과제 선정 후 TFT 선정 진행	3개월 ~ 4월 18일

SPRINTER 강하나

SUPPORTER 홍수현

Situation 04

"격려를 선물하세요"
퇴근 시 심리적 안전감을 만드는 메시지

　신입사원의 첫 근무일은 그들의 경력에서 가장 기억에 남는 순간 중 하나이다. 이 날의 경험은 그들이 조직에 적응하고, 팀의 일원으로 자리 잡는 데 중요한 역할을 한다. 특히, 첫날 근무를 마치고 퇴근할 때 리더가 전하는 메시지는 신입사원의 심리적 안전감과 자신감에 큰 영향을 미친다.

　리더의 긍정적인 피드백과 격려는 신입사원이 새로운 환경에 빠르게 적응하고, 동기부여를 받는 데 도움이 된다. 반면, 퇴근 시 부정적이거나 무심한 메시지는 신입사원의 자신감을 저하시키고, 직장 내 불안감을 증가시킬 수 있다.

　때로는 리더들이 장난스럽게 "내일 출근하실 거죠?" 또는 "벌써 퇴근해요?", "세상 많이 좋아졌어요~ 나 때는 6시 퇴근은 꿈도 못 꿨어요" 와 같은 말을 할 수 있다. 이러한 말들은 가벼운 농담으로 여겨질 수도 있지만, 신입사원에게는 부담감과 불안을 주는 메시지로 받아들여질 수 있다. 이러한 말들은 신입사원이 조직 내에서 자신의 위치를 확립하는 데 있어 심리적 안전감을 해치는 요소가 될 수 있다.

　신입사원은 자신의 역할과 팀 내에서의 위치를 이해하려고 노력하는 중요한 시기에 있다. 이때 리더의 말 한마디가 신입사원의 인식과 태도에 큰 영향을 미칠 수 있다는 사실을 알아야 한다. 특히 입사 첫날 퇴근 시 리더는 신입사원에게 긍정적이고 지지적인 메시지를 전달해야 한다. 이는 신입사원이 조직의 일원으로서 빠르게 성장하고, 장기적으로 조직에 기여하는 데 중요한 역할을 하기 때문이다.

　신입사원의 첫날은 그들의 경력뿐만 아니라 조직에 대한 인식을 형성하는 중요한 시기이다. 리더는 이 시기에 신입사원에게 긍정적이고 지지적인 메시지를 전달함으로써 그들의 성장과 발전을 도울 수 있다. 이러한 접근은 조직 문화를 강화하고, 신입사원이 팀의 일원으로서 성공적으로 자리 잡을 수 있도록 돕는 데 필수적이다.

다음 대화를 보자.

> 리더: 주혁씨, 잠깐 퇴근하기 전에 얘기 좀 해요. 오늘 하루 어땠어요?
> 신입사원: 아, 네. 바쁘긴 했지만 괜찮았습니다.
> 리더: 음, 보기엔 그렇게 바쁜 것 같지는 않던데.
> 　　　다른 신입들은 더 많이 했어요.
> 신입사원: 그렇군요, 저도 더 열심히 하겠습니다.
> 리더: 그래요, 기대할게요. 그리고 내일은 좀 더 일찍 와서 오늘 못 끝낸 일
> 　　　마무리해주면 좋겠어요. 내일은 늦게까지 남아야 할 수도 있어요.
> 신입사원: 네, 알겠습니다.
> 리더: 아, 그리고 퇴근하고는 어디가요? 여자친구 만나러가요?
> 　　　퇴근 후 어떻게 시간 보내는지 궁금하네.
> 신입사원: 아..그, 그 그냥 평범하게 보냅니다….
> 리더: 평범하다니 그건 좀 아쉽네. 우리 회사는 개인의 열정과 활동도
> 　　　중요하게 생각하거든. 앞으로 좀 더 재미있는 취미나 활동을
> 　　　가져보는게 어때요?

이 대화는 리더가 과도한 평가, 개인적인 질문, 비교와 경쟁 부추기기, 불명확한 기대치 제시 등으로 신입사원을 불편하게 만드는 사례이다. 이런 대화 방식은 신입사원에게 부담을 주고 직장 내 긍정적인 관계 형성을 방해할 수 있다.

다음 대화도 살펴보자.

> 리더: 주혁씨, 잠깐 퇴근하기 전에 얘기 좀 해요. 오늘 하루 어땠어요?
>
> 신입사원: 네, 바쁘긴 했지만 괜찮았습니다.
>
> 리더: 첫날이라 긴장도 많이 했을 텐데, 잘 해냈네요. 모든 것이 처음이라 어려울 수도 있지만, 천천히 배워가면 돼요. 궁금한 게 있으면 언제든지 질문해주세요.
>
> 신입사원: 감사합니다. 앞으로 더 열심히 하겠습니다.
>
> 리더: 열정적으로 임해줘서 고마워요. 저도 주혁씨가 성장할 수 있도록 잘 돕겠습니다. 내일은 더 기대되는 일들이 많을 거예요.
>
> 신입사원: 네, 감사합니다.
>
> 리더: 집에 가서 잘 쉬고, 내일 만나요. 첫날 수고 많았습니다. 주혁씨랑 함께 일할 수 있어 기쁩니다.

이 대화는 리더가 신입사원을 격려하고 지지하며 심리적 안전감을 주는 대화다. 리더는 신입사원의 첫날 경험을 긍정적으로 평가하고 함께함의 감사와 리더의 역할은 지원자임을 안내한다. 이런 대화 방식은 신입사원이 직장 환경에 더 빨리 적응하고 긍정적인 관계를 형성하는 데 도움이 된다.

02

입사 3개월 / 1년
소속감을 높이는 메시지의 품격

신입사원이 조직에 입사한 지 3개월과 1년이 되는 시점은 그들의 경력에서 중요한 이정표이다. 이 기간 동안 신입사원은 새로운 업무 환경에 적응하고, 팀의 일원으로서 자신의 역할을 확립한다. 이러한 중요한 시기에 격려와 소속감을 높이는 메시지는 신입사원의 성장과 조직에 대한 애착을 증진시키는 데 중요한 역할을 한다.

입사 3개월은 신입사원이 기본적인 업무 능력을 습득하고, 조직 문화에 적응하는 초기 단계이다. 이 시기에 격려와 인정의 메시지는 신입사원의 동기 부여와 업무에 대한 열정을 증가시킬 수 있다. 실제로 하버드 비즈니스 리뷰에 따르면, 직원의 성장과 발전을 지지하는 문화는 조직 전반의 생산성을 높이고, 이직률을 낮추는 효과가 있다고 밝힌다. 구체적으로 정기적으로 주는 긍정적인 피드백과 성과 인정은 직원들의 직무 만족도를 향상시키고 생산성을 높인다고 보고하고 있다.

마찬가지로 입사 1년은 신입사원이 조직의 중요한 구성원으로 자리 잡고, 자신의 역할을 보다 깊이 이해하는 시기이다. 이 시점에 격려와 소속감을 높이는 메시지는 신입사원이 장기적으로 조직에 남아 기여하고자 하는 동기를 부여한다. 또한, 이는 조직 몰입과 직원 유지율을 높이는 데 기여한다는 연구사례들이 있다.

결론적으로, 신입사원이 입사한 지 3개월과 1년이 되었을 때의 격려와 소속감을 높이는 메시지는 그들의 성장, 동기 부여, 그리고 조직에 대한 애착을 증진시키는 중요한 요소이다. 이러한 접근은 조직의 생산성과 직원 유지율을 향상시키는 데 중요한 역할을 하며, 장기적으로 조직의 성공에 기여한다. 따라서 리더와 관리자들은 입사 3개월과 입사 1년 등 중요한 시기에 신입사원에게 긍정적이고 지지적인 메시지를 전달함으로써 그들의 발전과 조직의 성장을 동시에 지원해야 한다.

Situation 01

"90일 완주를 축하합니다"
입사 3개월을 축하하는 메시지

입사 초기 리더의 격려와 인정은 신입사원의 조직몰입을 높이는 데 매우 중요하다. 조직몰입은 직원들이 자신이 속한 조직에 대해 얼마나 헌신적이고 애착을 가지고 있는지를 나타내는 중요한 지표이다. 이 개념에 대한 중요한 이론적 기여를 한 마이어(John P. Meye)와 알렌(Natalie J. Allen)은 1991년에 조직몰입을 세 가지 차원으로 분류했다. 정서적 몰입, 지속적 몰입, 그리고 규범적 몰입. 이 세 가지 차원은 신입사원들이 조직에 적응하고 통합되는 과정에서 매우 중요한 역할을 한다. 특히, 신입사원의 입사 초기에 경험하는 격려와 축하는 이러한 세 가지 몰입에 긍정적인 영향을 미친다.

정서적 몰입은 직원이 자신의 조직에 대해 느끼는 감정적인 연결이다. 신입사원이 입사 초기에 긍정적인 피드백과 지지를 받을 때, 이들은 조직에 대한 강한 정서적 애착을 개발할 가능성이 높아진다. 이는 조직의 목표와 가치에 대한 신입사원의 동기화와 조직에 대한 긍정적인 태도 형성으로 이어질 수 있다. 또한, 이러한 정서적 애착은 신입사원이 조직에 장기적으로 남고자 하는 의지와 조직을 위해 노력하고자 하는 동기를 부여한다.

지속적 몰입은 조직에 대한 직원의 지속적인 투자와 관련이 있다. 신입사원이 입사 초기에 격려와 인정을 받으면, 그들은 조직에 대한 자신의 투자(예: 시간, 노력, 개인적 자원)에 더 큰 가치를 두게 된다. 이것은 조직을 떠날 경우 발생할 수 있는 잠재적인 손실에 대한 인식을 증가시키고, 결과적으로 조직에 대한 지속적인 몰입을 강화시킨다.

규범적 몰입은 조직에 대한 도덕적이거나 윤리적인 의무감과 관련이 있다. 신입사원이 조직으로부터 인정과 격려를 받을 때, 그들은 종종 이를 조직에 대한 도덕적인 의무감으로 번역한다. 즉, 조직이 자신에게 제공한 긍정적인 경험에 대해 '보답'하고자 하는 마음이 생기는 것이다. 이러한 규범적 몰입은 신입사원이 조직에 충성하고, 조직의 목표와 성공에 기여하려는 강한 의지로 이어질 수 있다.

결론적으로, 마이어와 알렌의 이론을 기반으로 할 때, 신입사원의 입사 초기에 경험하는 격려와 축하는 조직몰입에 긍정적인 영향을 미친다. 이는 신입사원이 조직에 대한 강한 애착, 지속적인 헌신, 그리고 도덕적 의무감을 개발하는 데 중요한 역할을 한다. 이러한 몰입의 증진은 신입사원의 성과 향상, 조직에 대한 긍정적인 태도, 그리고 장기적인 조직 내 잔류에 기여한다. 리더와 관리자는 신입사원들에게 적절한 지원과 인정을 제공하여, 조직의 전체적인 성과와 직원 만족도를 높이는 데 중점을 두어야 한다.

다음 사례를 보자.

리더: 지현씨, 무슨 할 말 있어요?

신입사원: 저, 사실 오늘이 저에게는 조금 특별한 날이에요. 입사한 지 정확히 3개월이 되는 날이거든요.

리더: 아, 그래요? 그런 것도 다 기억하고 있었나 보네요. 그런데 일에 집중하는 게 더 중요하지 않을까요? 우리 이번주에 끝내야 하는 거 많잖아요. 우리 조직에서는 그런 거 축하 안 해요.

신입사원: 네, 알겠습니다. 그냥 저에겐 의미 있는 날이라서 말씀드렸어요.

리더: 그래요, 알겠어요. 어쨌든 일이 많으니까, 그런 건 잊고 일에 집중합시다. 다음 프로젝트 자료는 오후 3시까지 준비해주세요.

신입사원: 네, 바로 준비하겠습니다.

이 대화는 리더가 신입사원의 입사 3개월이라는 중요한 시점에 무관심하고, 신입사원의 개인적인 성취나 기념일을 별 대수롭지 않게 여기는 태도를 보이는 부정적 사례이다. 이러한 태도는 신입사원의 동기 부여와 직장 내 긍정적인 관계 형성에 부정적인 영향을 미칠 수 있다.

또 다른 사례를 보자.

리더: 지현씨, 잠깐 이야기 좀 할까요? 오늘이 지현씨에게 특별한 날이잖아요.

신입사원: 어!? 기억하셨나요? 네, 맞아요. 오늘이 입사한 지 정확히 3개월이 되는 날이에요.

리더: 당연히 알고 있지요, 정말 축하해요! 벌써 3개월이라니, 시간 참 빠르네요. 지현씨가 우리 팀에 합류하면서 팀에 많은 긍정적인 변화와 새로운 에너지를 가져다 줬어요.

신입사원: 감사합니다, 저도 덕분에 많이 배우고 있습니다.

리더: 3개월 동안 보여준 성장과 노력 감사하고 있어요. 앞으로도 계속 성장할 수 있도록 지원하겠습니다. 이런 중요한 날을 기념하기 위해 팀원들과 함께 축하 시간을 준비했어요. 함께 할 수 있어서 기뻐요.

신입사원: 와, 정말요? 너무 감사합니다. 이렇게 축하해 주셔서 감사합니다.

리더: 지현씨의 성장을 함께 축하할 수 있어 감사하네요.
그럼, 이제 팀원들과 함께 축하해 볼까요?

이 대화는 리더가 신입사원의 입사 3개월을 의미 있고 중요한 시점으로 인식하고, 신입사원의 성장과 기여를 인정하며, 팀원들과 함께 축하하는 모습을 보여주는 사례다. 이러한 태도는 신입사원의 동기 부여를 강화하고, 긍정적인 직장 문화를 조성하는 데 기여한다.

Situation 02
"강점으로 성과 내게 돕는다"
업무 피드백에 대한 메시지

로크(Edwin Locke)와 라담(Gary Latham)의 목표 설정 이론은 개인의 성과와 동기 부여에 있어서 구체적이고 도전적인 목표의 중요성을 강조한다. 이 이론에 따르면, 명확한 목표와 이에 대한 지속적인 피드백은 개인의 성과를 극대화하는 데 핵심적인 요소이다. 이 관점에서 신입사원이 입사 후 3개월 혹은 1년 동안 받는 업무 피드백은 그들의 조직몰입을 이끄는 중요한 동인이 될 수 있다.

입사 초기는 신입사원에게 많은 측면에서 중요한 시기이다. 이 때 설정되는 목표는 신입사원이 조직 내에서 자신의 역할을 이해하고, 이에 몰입하는 데 중요한 역할을 한다. 로크와 라담의 이론은 목표가 구체적이고 도전적일수록, 그리고 개인이 자신의 목표 달성 과정에 대해 지속적으로 피드백을 받을수록 더 높은 성과를 낼 수 있다고 주장한다. 따라서, 신입사원에게 명확하고 실현 가능한 목표를 설정하고, 이들의 진행 상황에 대해 정기적이고 구체적인 피드백을 제공하는 것이 중요하다.

이러한 피드백은 신입사원이 자신의 업무 성과를 객관적으로 평가하고, 필요한 조정을 할 수 있게 한다. 또한, 이 과정에서 신입사원은 조직의 기대치를 명확하게 이해하고, 이를 충족시키거나 초과 달성하기 위한 자신만의 방법을 개발하게 된다.

특히 입사 후 첫 3개월은 신입사원이 조직의 문화와 업무 방식에 적응하는 결정적인 시기이며, 이 시기에 제공되는 피드백은 그들의 초기 경험을 형성하는 데 중요한 역할을 한다. 1년이 지난 시점에서의 피드백은 신입사원이 지난 한 해 동안의 성장을 평가하고, 향후 개선할 점을 식별하는 데 도움을 준다. 이러한 과정은 신입사원이 자신의 역할과 조직에 대해 더 깊이 이해하고, 장기적으로 조직에 몰입하게 하는 데 기여한다.

다음 사례를 보자.

> **신입사원:** 팀장님, 잠시 시간 괜찮으십니까? 오늘 입사한 지 3개월이 되는 날이라서, 그동안 제 업무에 대한 피드백을 듣고 싶습니다.
> **리더:** 아, 벌써 그렇게 됐나? 시간 참 빠르네. 하지만 솔직히 말하면, 특별히 할 말이 없어요. 그냥 평범하게 일하고 있는 것 같은데.
> **신입사원:** 그렇군요, 그래도 구체적인 피드백이 있으면 듣고 싶습니다. 제가 어떻게 더 발전할 수 있는지 알고 싶어서요.

리더: 음, 사실 나도 바쁘고, 현경씨도 그냥 계속 지금처럼 일해주세요.
크게 문제될 건 없어 보여요. 별다른 피드백이 필요한 것 같지도 않아요.
잘하고 있어요.

신입사원: 알겠습니다. 그래도 더 노력하겠습니다.

리더: 그래요, 나중에 뭔가 큰 문제가 생기면 그때 얘기합시다.

이 대화는 리더가 신입사원의 입사 3개월이라는 중요한 시점에 업무 피드백을 제공하는 것을 별로 중요하게 여기지 않는 사례다. 이러한 태도는 신입사원이 자신의 업무에 대해 명확한 지침과 발전 방향을 얻지 못하게 하며, 성장과 발전에 대한 기회를 놓치게 할 수도 있다. 이런 대화는 리더에 대한 신뢰감을 잃게 만들 뿐 아니라 성장의 의지도 낮아지게 할 수 있으니 주의해야 한다.

다음 사례를 보자.

리더: 지현씨, 잠깐 이야기 좀 할까요? 오늘이 지현씨가 입사한 지 3개월 되는 날이잖아요. 지금까지 열정 있게 업무에 임해줘서 고마워요. 오늘 업무에 대한 피드백을 공유하고 목표를 함께 점검해보면 좋을 것 같아요.

신입사원: 네, 팀장님. 저도 제 업무에 대한 피드백을 듣고 싶었습니다.

리더: 먼저, 긍정적인 에너지로 팀의 분위기를 밝혀줘서 참 고마워요. 특히 이번에 새로 신입사원이 왔을 때 옆에서 본인의 일처럼 적극적으로 도와주고 정착할 수 있도록 애써주는 모습 제가 보았습니다. 참 고맙더라구요. 지현씨가 참 좋은 분이라는 것을 다시 알게 되었습니다.

신입사원: 정말요? 그렇게 생각해 주셔서 감사합니다.

리더: 네, 그럼에도 모든 일에는 항상 개선할 부분이 있지요. 제가 3개월 동안

함께 일하면서 느낀 건, 앞으로 프로젝트 관리 능력을 더 보완하면 좋을 것 같아요. 특히, 시간관리에 있어서 해야 할 업무 리스트를 주어진 기한 안에 완성하는 것이 약함을 느꼈습니다. 요청한 결과물의 데드라인을 3번이나 놓쳤던 것을 확인했어요. 시간 관리 부분만 조금 더 강화해가면 좋을 것 같아요. 이 부분에 대해 조언이나 도움이 필요하면 언제든지 말해주세요.

신입사원: 네, 그 부분에 대해서는 더 신경 쓰겠습니다. 어떻게 개선해야 할지 조언해주실 수 있을까요?

리더: 그럼요, 시간관리의 핵심은 시간을 기록하는 것이에요. 캘린더 사용을 적극적으로 권해드려요. 저 같은 경우도 해야 할 리스트와 데드라인을 꼭 캘린더에 기록해서 수시로 관리하고 확인하는 습관을 가지고 있거든요. 캘린더 관리로 시간관리 꼭 해보면 좋겠어요. 저는 캘린더 중에 구글 캘린더가 참 좋더라구요. 제가 오후에 사용법 함께 알려드릴게요.

신입사원: 팀장님 정말 감사드립니다. 앞으로 더 열심히 하겠습니다.

리더: 그래요. 기대할게요. 우리 함께 잘해봅시다. 파이팅!

이 대화는 리더가 신입사원의 입사 3개월을 중요하게 여기고, 구체적이고 긍정적인 피드백을 제공하여 신입사원의 성장과 발전을 격려하는 사례이다. 리더의 이러한 태도는 신입사원에게 긍정적인 영향을 미치고, 팀 내의 건강한 성장 문화를 조성하는 데 도움이 된다.

Situation 03

"성장 로드맵을 그리다"
성장 방향성의 메시지

　브룸(Victor Vroom)의 기대 이론과 밴두라(Albert Bandura)의 자기효능감 이론은 신입사원의 성장 로드맵과 성장 방향성을 상호 체크하는 1:1(원온원) 미팅이 조직몰입을 이끄는 데 중요한 역할을 한다는 주장을 뒷받침한다. 이 두 이론은 개인의 동기부여와 행동에 대한 심리학적 이해를 제공하며, 이를 통해 신입사원의 조직 내 성장과 몰입에 대한 중요한 통찰을 얻을 수 있다.

　브룸의 기대 이론은 개인의 성과가 그들의 기대, 즉 특정한 행동이 원하는 결과를 가져올 것이라는 믿음에 의해 영향을 받는다고 주장한다. 이 이론에 따르면, 신입사원이 자신의 업무 수행이 성공적인 결과로 이어질 것이라고 믿을 때, 그들은 더 높은 동기를 가지고 업무에 몰입하게 된다. 원온원 미팅에서 신입사원의 성장 로드맵과 목표를 명확히 하고, 이를 달성하기 위한 구체적인 단계와 예상되는 결과를 논의함으로써 신입사원은 자신의 업무가 성공적인 결과로 이어질 것이라는 기대를 형성할 수 있다. 이러한 기대는 신입사원이 자신의 업무에 더 깊게 몰입하고, 조직에 대한 헌신을 강화하는 데 중요한 역할을 한다.

　또한, 밴두라의 자기효능감 이론은 개인이 자신의 능력을 믿고, 어려운 상황에도 불구하고 효과적으로 대처할 수 있다는 믿음, 즉 자기효능감이 개인의 성과와 행동에 중요한 영향을 미친다고 강조한다. 자기효능감이란 자신이 어떤 일을 해낼 수 있다고 생각하는 믿음을 뜻하며, 객관적인 능력이나 조건보다는 자신의 역량에 대한 신념 자체를 의미한다. 자기효능감이 학교, 직장 등 다양한 영역에서 개인의 수행과 안녕감(well-being)에 영향을 미치며, 주요한 동기 요인으로서 작동한다고 본다.

자기효능감이 높은 사람은 새로운 업무나 도전적인 과제가 주어졌을 때 기꺼이 시도해보며, 스스로 더 높은 목표를 설정하여 좋은 결과를 얻는 경향이 강하다. 또한 어려운 과제에 대해서도 자신의 능력 부족보다는 노력의 부족이 더 큰 원인이라고 생각하여 더 많은 노력을 통하여 성취를 경험할 가능성이 높다.

반면, 자기효능감이 낮은 사람은 낯설고 도전적인 과제를 접할 때 또는 실패 상황에서 자신의 능력에 귀인하는 경향이 강하여 역량 개발의 기회를 놓치고 포기와 실패를 반복적으로 경험하기 쉽다.

원온원 미팅은 신입사원이 자신의 업무에 대해 긍정적인 인식을 형성하고, 필요한 기술과 지식을 개발하는 데 도움을 주는 과정이다. 이 과정에서 제공되는 지속적인 피드백과 지지는 신입사원의 자기효능감을 증진시키며, 이는 업무와 조직에 대한 그들의 몰입을 증가시킨다. 결론적으로, 브룸의 기대 이론과 밴두라의 자기효능감 이론에 근거하여 신입사원의 성장 로드맵과 성장 방향성을 상호 체크하는 원온원 미팅은 신입사원이 자신의 업무에 대한 기대와 자기효능감을 개발하는 데 중요한 역할을 한다. 이러한 미팅은 신입사원이 자신의 역할과 조직에 대해 더 깊이 이해하고, 장기적으로 조직에 몰입하게 하는 데 기여한다.

관련한 다음 상황을 살펴보자.

> 리더: 주혁씨, 인사팀에서 원온원 미팅 하라네요.
> 팀원: 예, 팀장님. 언제 진행하면 될까요?
> 리더: 아, 근데 이거 솔직히 언제 합니까? 다 바쁜 거 알잖아요.
> 팀원: 그럼 진행하지 않는 것으로 할까요…?
> 리더: 인사팀에 미팅 내용 보고하라고 하니까 이메일로 질문지 전달할게요. 오늘까지 작성해서 다시 보내줘요.

그리고 혹시 인사팀에서 물어보면 한 걸로 하면 됩니다.

팀원: 예, 팀장님. 알겠습니다.

위의 대화는 팀원의 목표 몰입과 성장을 위한 중요한 기회를 안타깝게 놓쳐버린 상황이다. 원온원 미팅의 중요성을 인식하지 못한다면 구성원들의 몰입과 성장을 저해할 수 있다. 오늘날 우리의 조직문화는 개개인의 강점을 개별화하여 강화시키는 성장지향적인 방향으로 발전해야 한다. 사람을 이끄는 리더십을 위해 팀원의 성장과 개발에 대한 지원과 관심이 중요하다.

다음 상황도 살펴보자.

리더: 주혁씨, 지난 달 원온원 미팅 이후에 시간이 정말 빠르게 지나갔네요.

팀원: 맞습니다 팀장님. 팀장님께서 요청하신 이번 달 성과 정리해서 팀장님 메일로 회신 드렸습니다.

리더: 고마워요. 이미 확인했습니다. 이게 귀찮아 보일 순 있어도 매월 주혁씨의 성과를 정리하고 방향성을 점검하는 시간을 갖는 것이 참 중요해요.

팀원: 네 맞아요 팀장님. 업무 중 시간을 빼는 것이 어렵지만 늘 팀장님과 대화하고 나면 마음이 시원해집니다.

리더: 입사 후 3개월 과정을 보니 어느 프로젝트든 열정을 다해 주도적인 모습 보여줘서 고마워요. 다만, 앞으로 제가 기대하는 것은 프로젝트 관리 역량을 키워 나가는 것입니다. 조직화와 일정 관리는 프로젝트 관리의 기본입니다. 관련된 책도 추천해 줄 테니 읽어보고 다음 번 원온원 때 그와 관련된 질문들을 저에게 해주면 좋겠어요.

팀원: 네 감사합니다 팀장님. 프로젝트 관리 역량 키우겠습니다.

원온원 미팅은 정기적으로 팀원과 만나 수평적 대화를 나누는 시간이다. 관심과 관찰을 통한 리더의 격려 한 마디가 팀원의 업무 몰입과 성장에 큰 촉매제 역할을 한다. 이 미팅에서는 리더가 팀원에게 바라는 명확한 기대와 결과물을 알려주는 것이 필요하다. 또한, 목표를 달성할 수 있도록 지원해주는 것이 성장을 이끄는 원온원의 방향성이다.

03

승진 시 명예와 자부심을 높이는 메시지의 품격

경영학자 맥클랜드(David McClelland)의 성취 동기 이론에 근거하여 승진 시 명예와 자부심을 높이는 메시지의 중요성을 탐구해보자. 그는 개인이 성취, 권력, 친밀감과 같은 특정한 욕구에 의해 동기 부여된다고 주장한다. 이 중 성취 동기는 개인이 자신의 능력을 통해 어려운 과제를 성공적으로 해결하고자 하는 욕구이다. 승진은 이러한 성취 동기에 직접적으로 호소하는 사건으로, 개인의 노력과 능력이 인정받는 순간을 상징한다. 승진 시 제공되는 메시지는 명예와 자부심을 높이는 데 중요한 역할을 한다. 이 메시지는 단순히 승진 사실을 알리는 것을 넘어서, 개인이 그동안 기울인 노력, 달성한 성과, 그리고 조직에 기여한 가치를 인정하고 강조해야 한다. 이러한 인정은 승진자가 자신의 성취를 보다 명확하게 인식하게 하고, 자부심과 명예를 느끼는 데 중요한 요소가 된다.

그의 이론에 따르면, 성취에 대한 이러한 인정과 보상은 개인의 성취 동기를 더욱 강화한다. 승진자는 자신의 능력과 노력이 성공적인 결과로 이어질 수 있다는 긍정적인 신념을 가짐으로써, 향후 더 높은 목표를 설정하고 이를 달성하기 위해 노력하게 된다. 이는 개인의 자기 개발, 지속적인 성장 및 조직에 대한 헌신에 긍정적인 영향을 미치는 것이다.

또한, 승진 메시지는 조직 내에서의 성취 문화를 조성하는 데 중요한 역할을 한다. 다른 구성원들은 이러한 승진 메시지를 통해 조직이 성취와 능력을 어떻게 가치 있게 여기는지를 목격하게 되며, 이는 조직 전체의 성취 동기를 증진시킬 수 있다.

결론적으로, 맥클랜드의 성취 동기 이론을 기반으로 볼 때 승진 시 명예와 자부심을 높이는 메시지는 개인의 성취 동기를 강화하고, 조직 내에서의 긍정적인 성취 문화를 조성하는 데 매우 중요하다. 이러한 메시지는 승진자 뿐만 아니라 승진을 축하하는 주위 동료들에게도 조직 몰입과 성취 동기에 긍정적인 기여를 한다.

Situation 01

"명예와 자부심이 드러나는"
승진을 축하하는 메시지

승진은 개인의 경력에서 중요한 이정표이며, 이 때 전달되는 축하 메시지는 승진자의 명예와 자부심을 고취시키는 중요한 수단이다. 이와 관련된 수많은 연구와 이론들은 승진 축하 메시지가 개인의 동기 부여, 직무 만족, 그리고 조직에 대한 헌신에 중대한 영향을 미친다는 것을 보여준다.

브룅(Brun, J.-P) 교수와 두가(Dugas, N.) 교수의 직원 인정 관련한 논문을 살펴보면 조직 내 인정이 직원의 동기 부여 및 성과에 긍정적인 영향을 미친다고 주장한다. 승진 메시지는 이러한 인정의 한 형태로, 승진자의 성취와 기여를 명확하게 인식함으로써 그들의 자부심을 증진시키고, 동기를 부여한다.

조직행동론 교수 저지(Timothy A. Judge)가 업무 만족, 태도, 성과의 관계성 연구에서 밝힌 것에 따르면 직무 만족과 조직에 대한 긍정적인 태도가 높을수록 조직 몰입도는 자연스레 높아진다고 말한다. 승진 메시지는 직무 만족과 긍정적인 태도를 증진시키는 수단으로 작용하며, 이는 조직에 대한 더 높은 몰입과 헌신으로 이어진다.

이러한 연구와 이론들은 승진 시 전달되는 메시지가 단순한 축하를 넘어, 승진자의 자부심, 동기 부여, 그리고 조직에 대한 헌신을 증진시키는 중요한 도구임을 강조한다. 명예와 자부심을 드러내는 승진 축하 메시지는 건강한 조직 문화를 강화하고, 개개인의 성취에 대한 인식을 높인다.

다음 상황을 살펴보자.

> 리더: 김주임, 오늘자로 승진 발령났다고 인사팀에서 메일 왔네요. 축하해요.
> 팀원: 예, 팀장님. 감사합니다. 더 열심히 하겠습니다.
> 리더: 근데…. 뭐 달라지는 건 없어요. 그냥 지금 하던 일 계속 하면 됩니다. 사내 인트라넷에 공고 하나 올라갈 거예요.
> 팀원: 예, 팀장님. 확인하겠습니다.

재직자에게 애사심과 특별한 추억을 선물할 수 있는 순간이 몇 되지 않는다. 그 중, 손에 꼽을 만큼 중요한 순간이 바로 승진식이다. 위 여러 논문에서 언급한 것과 같이 승진이란 재직자로 하여금 내가 이 조직에게 얼마나 중요하고 필요한 사람인지를 인식할 수 있게 하는 순간이다. 우리의 비전과 목표를 함께 달성하고 있는 소중한 동료의 성장을 다 함께 격려할 수 있는 이 중요한 골든타임을 놓치지 않기를 바란다.

다음의 대화도 함께 살펴보자.

> 리더: 김주임, 잠시 후 10시에 승진식 진행하는 것 알고 있죠? 김주임의 성장을 축하합니다.
> 팀원: 예, 팀장님! 이렇게 성장할 수 있도록 도움 주셔서 감사합니다.
> 리더: 김주임이 지난 A사 수주 프로젝트 맡았을 때 '어떻게 하면 해낼 수 있을까?', 될 방법만을 고민하는 그 자세가 참 멋졌습니다. 승진을 한다는 건 프로젝트를 주도적으로 매니징하고, 더 깊은 차원의 문제를 해결해야 한다는 뜻이기도 합니다. 김주임이라면 잘 해낼 수 있으리라 믿어요.
> 팀원: 그렇게 좋은 모습으로 바라봐 주셔서 감사합니다. 팀장님의 기대에 부합할 수 있도록 더 노력하겠습니다.
> 리더: 김주임은 우리 팀에서 없어서는 안 될 사람이란 것 잘 알고 있죠? 앞으로도 파이팅 해 봅시다.

위 리더의 대사를 누군가에게 들어본 적이 있는가? 내가 믿고 의지하는 리더에게 위와 같은 말을 듣는다면 기분이 어떨 것 같은가? 리더는 팀원의 성장에 책임이 있는 사람이다. 그렇다면 그의 성장 과정을 가장 가까이에서 지켜본 사람도 리더일 것이다. 승진의 순간에 성장에 대한 증거를 포착하여 격려하는 것을 실천해 보길 바란다. 그의 능력과 앞으로의 발전 가능성을 믿어주는 리더의 한 마디 격려는 앞으로의 성장에 날개를 달아줄 것이다.

Situation 02

"이제는 동료의 성장을 이끌어야 합니다"
리더십을 강조하는 메시지

바스(Bass, B. M.) 교수와 아볼리오(Avolio, B. J.) 교수의 변혁적 리더십 이론에 따르면, 리더는 단순히 지시하고 관리하는 것을 넘어서 구성원들을 영감을 주고 변화시키는 역할을 해야 한다. 이 이론은 리더가 구성원들의 자기 인식을 높이고, 그들의 잠재력을 최대한 발휘할 수 있도록 도와야 한다고 강조한다. 이러한 관점에서 승진한 리더에게 "이제는 동료의 성장을 이끌어야 합니다"라는 메시지는 특히 중요하다.

변혁적 리더십은 리더가 모델 역할을 하여 구성원들의 존경과 신뢰를 얻고, 그들에게 영감을 주어 자신들의 한계를 넘어서게 하는 것에 중점을 둔다. 승진한 리더에게 이러한 메시지를 전달함으로써 새로운 역할로 변화하는 과정에서 동료들의 발전과 성장을 촉진하는 변혁적 리더십 스타일을 추구하도록 안내하는 것이다.

변혁적 리더는 개인적 관심을 통해 구성원 각자의 특성과 필요를 이해하고, 이를 바탕으로 그들의 개인적 및 전문적 성장을 지원한다. 또한, 지적 자극을 제공하여 구성원들이 문제를 새롭고 창의적인 방식으로 생각하도록 돕고, 이를 통해 조직의 혁신과 성장을 촉진한다.

이러한 리더십 스타일은 구성원들의 동기 부여를 증진시키고, 그들의 업무 만족도와 조직에 대한 몰입을 높인다. 또한, 변혁적 리더십이 조직 문화에 긍정적인 영향을 미치고, 이를 통해 조직의 성공을 이끈다고 강조한다.

승진한 리더에게 "이제는 동료의 성장을 이끌어야 합니다"라는 메시지는 그들이 변혁적 리더십을 발휘하고, 조직과 구성원 모두의 성공을 위해 필요한 리더십 역량을 개발하도록 격려하는 중요한 방향을 제시한다. 이러한 메시지는 승진한 리더가 자신의 역할을 새로운 관점에서 이해하고, 조직 내에서 더욱 효과적인 리더로 성장하는 데 기여한다.

다음의 대화를 살펴보자.

> 리더: 김주임, 승진 축하합니다. 앞으로 고생길 훤하네요.
> 이제 나가면 안 되는 거 알죠?
> 팀원: 예 팀장님! 뼈를 묻겠습니다.
> 리더: 열심히만 하면 안 됩니다. 이젠 열심히가 아니고 잘 해야 합니다.
> 같이 승진한 사람들끼리는 더 비교되는 법이에요.
> 무조건 성과로 증명하세요.
> 팀원: 예 팀장님, 성과로 증명하겠습니다.

물론 더 높은 단계로 성장할수록 더 고도화된 업무, 성과 창출에 힘써야 하는 것은 맞다. 하지만, 조직 안에서 한 사람을 성장시키는 과정에 단순히 개인의 성과 측면만 강조되는 것은 참 아쉬운 일이다. 리더란 무엇인가? 자신의 성과뿐만 아니라 동료, 팀원의 성과에 대해 책임지는 자리이다. '빨리 가려면 혼자 가고 멀리 가려면 함께 가라'라는 아프리카 속담처럼 우리가 공동의 목표를 달성하는 원팀으로 성장하기 위해 서로의 성장을 돕는 문화와 시스템을 갖추길 바란다.

다음의 긍정적인 대화 예시를 살펴보자.

> 리더: 김주임, 승진 다시 한번 축하합니다. 제가 더 기쁘네요.
> 우리 조직에서 승진이 가지는 의미를 잘 알고 있을까요?

팀원: 축하해 주셔서 감사합니다 팀장님. 이제 더 높은 실력과 성과로 우리 팀에 기여하는 사람이 되어야겠다고 생각하고 있습니다.

리더: 네, 탁월함을 갖춰야 하는 것도 맞습니다. 또한, 그 다음 단계로 성장했다는 것은 이제 본인의 프로젝트 성과뿐만 아니라 김주임과 같은 후배를 양성하는 데 힘을 써야 한다는 뜻이기도 합니다. 동료의 성장을 이끌고 지원해줄 수 있는 리더로 성장해 가길 바랍니다.

팀원: 예 팀장님! 저의 성과뿐만 아니라 동료의 성과를 위해 성장을 지원하는 사람이 되겠습니다.

우리 조직에서 승진이 가지는 의미가 무엇인가? 그 의미와 본질을 다시 한번 살펴보기 바란다. 개개인이 탁월한 어벤져스 보다도 원팀으로 힘을 합쳐 달려갈 수 있는 스포츠팀이 지속가능한 성과를 낼 수 있는 시대이다. 사람을 통해 일하는 피플 리더십을 세워야 하는 때이다. 동료의 성장에 기여하는 리더십에 대한 메시지는 팀원이 승진할 때 리더가 놓쳐서는 안 되는 핵심 메시지이다.

Situation 03
"승진 후 3개월의 성과목표를 정하다"
도전적 목표의 메시지

승진 후 첫 3개월 동안의 도전적인 성과목표 설정은 구성원의 성공적인 역할 전환과 조직 내에서의 성과 향상에 필수적이다.

데이(David Day) 박사의 연구는 리더십 개발이 개인의 발전 준비성, 성격 특성, 개인 가치에 따라 달라진다고 주장한다. 새롭게 승진한 구성원은 자신의 리더십 스타일과 역량을 발전시키기 위해 도전적이고 구체적인 목표를 필요로 한다. 이러한 목표는 자신의 역할을 명확히 이해하고, 개인적인 성장을 도모하는 데 중요한 역할을 한다.

한편, 라이트(Thomas Wright) 교수의 연구는 도전적인 목표가 직무 만족과 동기 부여에 중요한 영향을 미친다고 강조한다. 승진 후 초기에 설정된 목표는 새로운 역할에 적응하고, 자신의 능력을 발휘하는 데 필수적이다. 도전적인 목표는 자신의 한계를 넘어서고, 성취감을 느끼며, 직무에 대한 만족도를 높일 수 있도록 돕는다.

이 두 연구를 결합하면, 승진자에게 초기 3개월 동안의 도전적 성과목표를 설정하는 것이 그들의 리더십 발전, 직무 만족, 그리고 동기 부여에 긍정적인 영향을 미친다는 것을 알 수 있다. 이러한 목표 설정은 자신의 역할에 적응하고, 조직 내에서 효과적으로 기능하며, 개인적으로 성장할 수 있는 기회를 제공한다.

따라서, 승진자가 초기 3개월 동안 명확하고 도전적인 성과목표를 설정하고 추구하는 것은 그들의 성공적인 리더십 개발과 조직 내에서의 효과적인 기여에 중요한 단계이다. 이는 승진자뿐만 아니라, 그들과 함께 일하는 전체 조직에 긍정적인 영향을 미친다.

다음 대화를 살펴보자.

> **리더**: 김대리, 승진 축하합니다. 앞으로도 열심히 달려봅시다.
> **팀원**: 예 팀장님. 앞으로 더 뛰겠습니다.
> **리더**: 대리가 되었다고 해서 무언가 색다른 일을 시도하지 않아도 괜찮습니다. 그저 지금 하고 있던 기존 업무만 잘 하면 돼요.

> **팀원**: 혹시 제가 조금 더 성장해야 할 부분이 있을까요 팀장님?
> 팀의 성과에 기여하고 싶습니다.
> **리더**: 별도의 성과 목표나 피드백은 없습니다.
> 그냥 기존 업무에 구멍만 나지 않게 잘 해주세요.

리더가 팀원의 승진에 대한 구체적인 안내나 지원을 제공하지 않는 부적절한 사례이다. 리더는 승진한 팀원의 새로운 역할에 대해 명확한 기대치나 목표를 설정해 주지 않음으로써 팀원이 자신의 역할을 효과적으로 수행하고 발전하는 데 필요한 지침을 얻지 못하게 한 것이다. 이러한 상황은 팀원의 동기 부여 및 업무 만족도에 부정적인 영향을 미칠 수 있으며, 팀 전체의 성과와 분위기에도 악영향을 끼칠 수 있다.

다음 대화의 예시도 함께 살펴보자.

> **리더**: 승진을 아주 축하합니다. 그동안 노력한 모습을 봤기에 제가 더 기쁘네요. 이제 앞으로 3개월 동안의 성과 목표에 대해 같이 이야기 해 볼까요?
> **팀원**: 예 팀장님, 좋습니다. 승진자로서 어떠한 목표를 가지고 달려야 할지 명확하게 설정되면 더 힘이 날 것 같습니다.
> **리더**: 좋아요. 제가 고민해 본 내용을 공유할 테니 듣고 의견을 말해주세요. 우선, 김대리에게 기대하는 바는 크게 2가지입니다.
> 첫째, 우리 팀의 가장 중요한 A프로젝트의 완료율을 다음 분기까지 20% 향상시키는 것입니다. 프로젝트 관리 역량을 쌓으며 매니징 실력이 뾰족해지는 시기가 되면 좋겠어요. 둘째, 고객 피드백을 수집하여 고객 접점 시스템 V1을 구축하면 좋겠습니다.

> 팀원: 예 팀장님! A 프로젝트 20% 완료와 고객 접점 시스템 V1 구축에 대한 방향성 확인했습니다. 앞으로도 팀장님께 많이 도움 요청 드리겠습니다. 잘 부탁드립니다!

교육의 효과가 10배가 되는 지점, '10X 포인트'를 기억하는가? 승진한 날이 바로 이 10X 포인트에 속한다. 승진자로서 그 다음 어떤 단계로 성장해야 하는지 리더로서 명확한 방향성을 전달하는 것이 중요하다. 조직 내 '직무레벨 정의서'와 같은 가이드가 마련되어 있다면 승진 전/후로 원온원 미팅을 진행하며 그 다음 레벨은 어떤 성장과 성과를 지향하는지 알려주어야 한다. 우리 조직 안에서 어떠한 수준으로까지 성장하도록 지원하고 돕겠다는 리더의 메시지는 팀원의 성장 동기를 강력하게 자극할 수 있다.

Situation 04

"공감을 형성합시다"
연봉 재계약 메시지

연봉 재계약 과정에서 리더의 투명하고 진실된 메시지 전달의 중요성은 디르크스(Kurt Dirks) 교수와 페린(Donald Ferrin)의 연구에서 나타난다. 이들은 관리자와 직원 간의 신뢰가 조직 성과에 어떠한 영향을 미치는지 탐구하며, 특히 리더의 커뮤니케이션 스타일이 중요하다고 지적한다. 또한, 신뢰가 높은 환경에서 직원들이 더 적극적으로 업무에 참여하고, 조직에 더 많은 기여를 한다는 것을 발견했다.

연봉 재계약 시 리더의 투명한 커뮤니케이션은 다음과 같은 3가지 방법론을 포함한다.

공개적이고 명확한 정보 제공: 리더는 연봉 결정 과정과 기준을 명확하게 설명하여 직원들이 이해할 수 있도록 해야 한다. 이는 직원들의 불안감을 줄이고 과정의 공정성을 인식하는데 도움이 된다.

정기적인 피드백과 의사소통: 연봉 재계약은 일회성 이벤트가 아닌 지속적인 과정으로 관리되어야 한다. 정기적인 피드백과 업무 성과에 대한 의사소통은 직원들이 자신의 위치와 잠재적인 성장 기회를 이해하는 데 도움이 된다.

직원들의 우려와 기대를 경청: 리더는 직원들의 기대와 우려사항을 경청하고, 이에 대해 공감을 표현해야 한다. 이러한 접근은 직원들이 자신의 의견이 중요하게 여겨진다고 느끼게 하며, 신뢰를 구축하는 데 기여한다.

연봉 재계약 과정에서 리더의 투명하고 진실된 커뮤니케이션은 단순히 재계약의 성공을 넘어 조직 내 신뢰와 성과의 증진을 위한 핵심 요소가 된다. 어떻게 하면 가장 어려운 소통 주제를 유연하게 진행할 수 있을지 다음의 대화들을 통해 알아보자.

다음의 대화 예시를 살펴보자.

> 리더: 승진 축하합니다. 그에 따른 높은 연봉 인상을 기대했을 텐데, 사실 좀 아쉽게 됐어요.
> 팀원: 예? 어떤 말씀이신지... 조금 더 구체적으로 말씀해 주실 수 있을까요?
> 리더: 요즘 회사 재정이 매우 좋지 않아 높은 인상이 어려워요.
> 다만, 다른 팀원들은 아예 인상이 어렵다는 것만 알아둬요.
> 김주임의 연봉 인상률은 5% 입니다.

> 팀원: 앞으로 새로운 역할을 수행함에 있어 상당한 책임과 노력이 필요할 텐데 제 생각보다는 훨씬 낮은 인상률인 것 같습니다. 승진시 회사의 구체적인 인상 기준을 알 수 있을까요?
>
> 리더: 사실, 상황이 복잡해서…그냥 이해해 주면 좋겠어요. 다른 사람들보다는 조금 더 받는 것에 만족해야 할 것 같아요.

리더가 팀원의 승진에 따른 연봉 재계약을 논의하면서 투명하지 않고 불공정한 메시지를 전달하는 부적절한 사례이다. 리더는 연봉 인상률에 대해 명확한 정보를 제공하지 않고, 다른 팀원들과의 비교를 근거로 삼고 있다. 이러한 커뮤니케이션은 팀원에게 실망과 불신을 초래할 수 있으며, 장기적으로 조직 내 신뢰와 직원 만족도에 부정적인 영향을 미칠 수 있다.

다음의 대화도 함께 살펴보자.

> 리더: 승진을 진심으로 축하합니다. 이제 승진 이후 연봉 재계약에 관해 이야기해 보죠. 언제나 저의 마음은 김주임이 애쓰고 수고하는 만큼 보상에 있어서도 만족하는 수준으로 해주고 싶어요.
>
> 팀원: 감사합니다 팀장님. 저도 새로운 역할로 인한 연봉 조정에 대해 알고 싶었습니다.
>
> 리더: 먼저 회사의 연봉 정책과 이번 조정에 적용된 기준에 대해 설명하겠습니다. 회사는 직무의 난이도, 시장 기준, 그리고 개인의 성과를 종합적으로 고려해 연봉을 결정합니다. 김주임의 새로운 역할에 대한 연봉은 이러한 기준에 따라 조정되었어요.
>
> 팀원: 예, 팀장님. 구체적인 인상률은 얼마나 될까요?

리더: 승진에 따른 연봉 인상률은 약 10%로 결정되었습니다.
이는 김주임의 역할 변화와 시장 기준에 부합하는 수준입니다.
또한, 연간 성과에 따른 보너스도 검토될 예정이에요.

팀원: 10% 인상이라... 이해했습니다. 다만, 추가적인 책임과 업무에 비추어 보았을 때 이 인상률이 다소 부족하게 느껴집니다.

리더: 네, 김주임의 우려를 이해합니다. 회사 예산과 정책의 제한이 있지만, 김주임의 업무 성과와 기여도를 항상 확인하고 있으며, 앞으로도 그에 따른 적절한 보상을 고려할 예정이에요. 정기적인 1:1 미팅을 통해 연봉 조정 기회가 다시 주어질 것입니다.

팀원: 그렇군요. 성과 평가에 따른 연봉 재조정 기회가 있다는 점을 알게 되어 좋습니다. 기대하시는 수준에 부합할 수 있도록 저도 더 노력하겠습니다.

위 대화는 투명하고 진실된 방식으로 커뮤니케이션을 진행하는 긍정적인 예시 중 하나이다. 리더는 연봉 결정 과정과 기준을 명확하게 설명하고, 팀의 우려를 경청하며, 직원의 성과와 기대치를 정기적으로 체크하겠다는 약속으로 신뢰를 구축한다. 이런 종류의 커뮤니케이션은 팀원의 업무 만족도와 조직에 대한 몰입을 높이는 데 기여하며, 장기적으로 조직의 성공에도 도움이 된다.

04

리더가 되어
대내외적인 소통할 때의
메시지의 품격

Situation 01

"특별한 가치를 고객에게 선물하는 MD입니다"
가치를 더하는 메시지

리더가 되어 대내외적으로 소통할 때, 메시지의 전달 방식은 그들의 전문성과 인상에 결정적인 영향을 미친다. 이 장에서는 리더가 자신의 역할, 조직, 그리고 제공하는 제품 또는 서비스를 긍정적이고 자신감 있게 소개하는 방법을 다룬다.

첫인상을 형성하는데 중요한 부분은 언어 사용과 그 내용이다. 부정적이고 자신감이 결여된 표현은 리더와 조직에 대한 부정적인 인식을 낳을 수 있다. 반면, 긍정적이고 구체적인 표현은 자신과 조직의 가치를 증대시키고, 상대방에게 신뢰와 존경을 불러일으킬 수 있다. 이 책에서는 구체적인 숫자와 성과를 사용하여 메시지에 가치를 더하는 방법, 직업과 일하는 목적을 통해 고객에게 특별한 가치를 전달하는 방법, 그리고 조직의 미션과 비전을 통해 자신과 조직을 소개하는 방법을 제시한다.

외부고객이나 커뮤니티에서 스스로를 소개할 때 이렇게 이야기하는 리더들이 있다. 저자는 이런 화법을 스스로 본인을 까먹는 화법으로 말하고 싶다.

다음과 같다. 살펴보자.

> "자그마한 업체 경영하고 있습니다…"
> "IT 코딩 조금 하고 있습니다. 재미는 없습니다."
> "그냥 제품 상세페이지 만들고 있습니다. 특별한 일은 아닙니다."
> "궁여지책으로 벌어먹고 삽니다…"
> "아이고 저는 교육업에 있는데, 강사질 해서 먹고 삽니다…"

이런 이야기를 들었을 때 상대방은 어떻게 느낄지 생각해보라. 그와 함께 일하고 있거나 협력자들의 마음은 어떨까? 분명 상대방에 대한 부정적 인식과 전문성이 부족하다고 느낄 여지가 있다.

반면, 대외적으로 본인을 소개할 때 상대방에게 자부심을 느끼도록 하려면 다음과 같은 화법을 사용해보기 바란다.

> "저는 23년 동안 4,000개 기업 이상을 컨설팅한 컨설팅 회사에 다니고 있습니다."

> "저희는 건강을 책임지는 녹용제품을 판매하고 있습니다. 회사 설립 3년 만에 5개의 브랜드로 확장했고 평균 재구매율 60%를 지속하고 있습니다."
>
> "판교에 위치한 3년 차 IT 스타트업에 다니고 있습니다. 20-30대 구성원이 70%인 만큼 젊고 열정 가득한 조직입니다."

본인의 일을 소개할 때 구체적이고 증거가 있는 숫자를 활용하면 메시지에 가치를 더할 수 있다.

가치를 더하는 또 다른 방법도 있다.

> "저는 디자이너입니다.
> 제품을 보다 가치 있고 매력적으로 가꾸는 일을 하고 있습니다."
>
> "대한민국 모든 기업들이 IT솔루션을 소외 없이 누릴 수 있도록 돕는 일을 하는 IT개발자입니다."
>
> "교육과 코칭을 통해 각 회사 팀장님들의 실력을 높이는 일을 합니다. 5년차 강사입니다."
>
> "저는 사람들의 행복한 삶을 연결하는 오작교의 삶을 살고 있는 손창훈이라고 합니다."

직업만 이야기하는 게 아닌, 자신이 일하는 목적과 나를 통해 고객이 느끼는 가치를 언어로 표현하면 상대방은 가치를 느끼며 특별함을 느낄 수 있다.

소개할 때 회사의 미션과 비전으로 소개하는 방법도 있다.

> "저희 회사의 미션은 대한민국 경영자가 사랑으로 경영하도록 돕는 것입니다. 가인지컨설팅그룹에서 일하고 있습니다"
>
> "저희 회사의 비전은 직원들이 보람과 성취를 누리며 직장생활 할 수 있는 좋은 기업을 만드는 것입니다. 제 꿈입니다."

이렇게 조직의 미션과 비전으로 소개했을 때 상대방은 고객가치에 대한 특별함을 느낄 수 있다.

이처럼 외부에서 본인을 가치 있게 소개하는 방법들은 다양하다. 구체적인 숫자를 활용하거나, 본인이 가치 있게 여기는 일과 내용을 소개하거나, 조직의 미션과 비전을 소개하는 방법들을 추천한다.

이와 같은 전략들은 리더가 자신의 일, 조직, 그리고 제공하는 가치를 효과적으로 전달하고, 대내외적인 커뮤니케이션에서 긍정적인 인상을 남기는 데 중요하다. 리더의 언어는 단순한 소통의 수단이 아니라, 조직의 가치와 비전을 전달하고, 신뢰와 영향력을 구축하는 강력한 도구이다.

Situation 02

"저는 3가지를 나누겠습니다."
숫자로 말하는 메시지

리더십 커뮤니케이션에서 숫자를 사용하는 것은 단순히 정보를 전달하는 것을 넘어서, 메시지를 더욱 명확하고 기억에 남도록 만드는 전략이다. 경영 현장에서 수많은 리더들을 만나게 된다. 리더들과 대화하다 보면 하나의 이야기를 정말 길게 늘어뜨릴 때가 있다. 그런데 문제는 그 이야기의 핵심이 무엇인지 파악하기 어려울 때가 있다는 것이다. 현장에서 만난 한 팀원분에게 이런 말을 들은 적도 있다. "박부장님이 횡설수설하고 계신다는 느낌을 받을 때마다 '참 대화하기 어렵다'라는 느낌을 받습니다." 라고 말이다.

만약 말을 할 때 핵심을 전달하면서도 상대방이 이해하고 싶게 말하고 싶다면 숫자로 말하는 것에 집중해보자. 숫자를 활용한 말하기 방법이 어떻게 리더의 메시지를 강화시키는지에 대해 살펴보자.

먼저 숫자를 사용한 말하기는 상대방의 머리속에 명확한 프레임을 만들어준다. 이야기를 할 때 "오늘 저는 3가지를 말씀드리겠습니다"와 같이 숫자를 사용하면, 듣는 사람의 마음속에 명확한 구조를 만든다. 또한 숫자는 상대방으로 하여금 호기심을 만들어낸다. 다음 내용을 살펴보자.

> "오늘 저는 3가지를 말씀드리겠습니다.
> 첫 번째는 3분기 목표에 대한 이야기입니다. 두 번째는…"
> "저를 표현하는 2가지가 있습니다.
> 첫 번째는 활활 타오르는 불 같은 열정입니다. 두 번째는…"

두 번째가 무엇인지 궁금하지 않은가? 말하는 이에 톤과 속도 호흡에 따라 더욱 상대방의 호기심을 자극하고 몰입을 이끄는 말하기를 할 수 있다. 숫자는 구체적이기 때문에 상대방이 관심을 갖게 만드는 힘이 있다. 또한 사례를 들거나 이야기 주제의 개수를 선정할 때는 3가지 정도의 사례가 적절하다. 하버드 연구팀이 연구한 숫자의 비밀을 살펴보면 사람들이 가장 안정적으로 느끼는 숫자는 3이라고 알려져 있다.

따라서 전달할 말을 구성할 때 3가지의 사례나 3가지 중심으로 이야기하는 것을 추천한다. 또한 3가지가 넘어가 4가지, 5가지, 6가지정도로 사례의 숫자가 늘어나면 듣는 사람들은 많은 숫자에서 오는 피로감을 느낄 가능성이 높아진다. 따라서 한번 이야기할 때 최대 말하고 싶은 내용을 3가지 이내로 줄여 보기를 추천한다.

그런데 만약 3가지가 떠오르지 않는다면? 그렇다면 다음과 같은 방법으로도 이야기할 수 있다.

> "오늘 제가 나누고 싶은 이야기가 정말 많습니다.
> 그런데 그중 특별한 1가지에만 집중해서 이야기하겠습니다."
> "저를 표현하는 정말 많은 표현이 있지만
> 오늘은 그중 특별한 1가지에만 집중하겠습니다."
> "제가 알려드릴 지식이 참 많습니다. 밤새 말씀드릴 수도 있습니다.
> 그런데 오늘은 그중 정말 특별한 1가지만 나누겠습니다."

이렇게 많은 것 중 하나에 집중한다는 말을 통해 그 하나의 이야기에 가치를 실을 수 있다.

다음으로는 숫자는 이야기의 구체성을 향상시킨다. 숫자는 모호함을 제거하고 구체성을 부여한다. 다음 예시를 보자.

"저희 회사는 여러 프로젝트를 진행하고 있습니다"보다 "저희 회사는 현재 5개의 주요 프로젝트를 진행 중입니다."라고 말하는 것이 훨씬 구체적이다.
"저희 집에서 부산은 정말 멀리 있습니다."보다 "저희 집에서 부산은 약 500km 떨어져 있습니다. 차로 5시간정도 걸리는 먼 거리입니다."라고 말하는 것이 훨씬 구체적이다.

"우리 회사는 최근 몇 년 동안 좋은 성과를 보였습니다."보다 "우리 회사는 지난 3년 동안 매출이 매년 20% 증가했습니다." 라고 말하는 것이 훨씬 구체적이다.

"저희는 다양한 고객들에게 서비스를 제공합니다." 보다 "저희 회사는 전 세계 12개국에 있는 200개 이상의 기업에 서비스를 제공하고 있습니다." 라고 말하는 것이 훨씬 구체적이다.

이렇게 숫자를 사용함으로써 리더는 자신의 메시지를 더 명확하고 신뢰할 수 있게 만든다. 리더가 숫자를 사용하여 소통하는 것은 단순히 정보를 전달하는 것 이상의 효과를 가져온다. 숫자는 이처럼 정보를 분류하고 정리하는 데 도움이 되며, 청중이 메시지를 쉽게 이해하고 기억할 수 있게 한다. 이런 방식은 특히 복잡한 아이디어나 많은 정보를 전달할 때 효과적이다. 상대방에게 "이 사람 참 똑똑하게 말한다." 라는 인상을 주고 싶다면 꼭 숫자를 사용해보기 바란다.

Situation 03
"우리 회사의 성장은 마라톤과 같습니다."
비유를 사용하는 메시지

리더십 커뮤니케이션에서 비유의 사용은 단순히 메시지를 전달하는 것 이상의 깊이를 부여한다. 비유가 어떻게 리더의 메시지를 더욱 쉽고, 이해하기 쉽게 만든다.

시온이라는 한 아이가 아빠에게 묻는다.
"아빠 유치원에서 물고기에게는 아가미가 있다고 들었는데, 아가미가 뭐예요?"

"아가미? 음. 아가미는 말이야…."

자, 어떻게 말할 것인가? 아가미라는 용어를 아이에게 설명하기는 쉽지 않을 것이다. 비유를 활용하면 이렇게 이야기해줄 수 있을 것이다.

"시온아, 아가미는 물고기의 코야. 시온이도 코로 숨쉬지? 물고기도 코가 있는데 그걸 아가미라고 불러."

이렇게 상대방에게 어떤 지식의 내용을 전달할 때 비유를 활용하면 상대방이 이미 알고 있는 선행지식을 바탕으로 이해하기 쉽게 이야기해줄 수 있다. 적절한 비유는 청중의 관점을 고려하고 메시지를 그들의 눈높이에 맞추려는 노력의 표현이다. 저자는 이것을 사랑으로 표현하고 싶다. 말하기에서 비유가 왜 진정한 배려와 사랑인지를 알아보자.

리더가 팀원에게 비유를 사용하여 말을 할 때 얻을 수 있는 여러 가지 효익이 있다. 비유는 복잡하거나 추상적인 개념을 쉽고 명확하게 전달하는 데 도움을 준다.

예를 들어, 팀 프로젝트를 마라톤에 비유하여 팀원들에게 장기적인 목표에 집중하고 지속적인 노력의 중요성을 강조할 수 있다. 아래에 비유를 사용한 다양한 메시지를 소개한다.

"우리 회사의 성장은 마라톤과 같습니다. 순간의 스퍼트보다는 지속적인 노력과 인내가 필요합니다." 이 비유는 회사의 성장을 마라톤으로 비유하며 장기적인 노력의 중요성을 강조한다. "우리 팀은 다양한 색깔의 물감으로 그림을 그리는 화가와 같습니다. 각자의 독특한 기술과 재능이 조화를 이룰 때 최고의 작품이 완성됩니다." 라는 비유는 팀에게 다양성과 협력의 중요성을 알기 쉽게 전달한다. "우리 팀은 오케스트라와 같은 팀이 되면 좋겠습니다. 각각 다른 악기를 연주하지만, 하나의 아름다운 음악을 만들기 위해 함께 조화를 이루는 것처럼 말이죠." 이 비유는 각 팀원의 역할과 기여가 중요하다는 점을 강조하며, 공동의 목표 달성을 위한 협력의 중요성을 드러낸다. "이번 전사의 변화는 배가 새로운 목적지로 항해하는 것과 같습니다. 변화는 불가피하지만, 결국 우리를 더 좋은 방향으로 이끌 것이라 믿습니다."라는 비유는 조직 변화의 필요성과 긍정적인 결과를 명확하게 전달한다. "조직의 변화는 낡은 옷을 벗고 새 옷을 입는 것과 같습니다. 처음엔 불편할 수 있지만, 결국은 더 나은 핏과 편안함을 제공할 것입니다 꼭 그렇게 만들 겁니다." 이 비유는 변화가 단기적으로는 도전적일 수 있지만, 장기적으로는 더 나은 결과를 가져올 것임을 전달할 수 있다. "우리의 목표 달성은 등산과 같습니다. 정상에 도달하기 위해선 계획, 인내, 그리고 팀워크가 필요합니다." 이 비유는 목표 달성을 위한 노력과 도전, 그리고 공동 노력의 중요성을 강조한다.

이처럼 비유는 리더가 복잡한 비즈니스 상황, 조직 변화, 전략적 방향 등을 설명할 때 유용하게 사용될 수 있다. 또한 원온원 미팅에서 피드백을 전달할 때, 일상에서 칭찬과 인정을 해줄 때, 전 사원 앞에서 리더의 스피치를 할 때 등 비유를 활용해 메시지를 보다 기억에 남도록 만든다.

적절한 비유를 활용하기 위해서는 말하고자 하는 말의 핵심이 무엇인지를 먼저 이해해야 하고 또한 상대방의 눈높이에 맞춰 상대방이 이해할 수 있는 단어를 선정해야 하기에 고민이 시간이 필요하다. 하지만 이 얼마나 멋지고 아름다운 일인가? 상대방의 이해를 돕기 위한 이 시간과 에너지는 상대방을 위한 배려이자 사랑이라고 말하고 싶다. 비유를 활용하여 설득력을 높이고 사랑을 선물하는 리더가 되길 바란다.

05

퇴사 시 웃으며 마무리하는 메시지의 품격

직원이 퇴사 과정에서 겪는 긍정적인 경험은 장기적 관점으로 조직의 학습과 성장, 남아있는 구성원들의 심리적 안전감에도 큰 영향을 미친다. 비즈니스 행정학 교수 쇼(Jason D. Shaw)는 퇴사 과정이 조직 내/외부에서 어떻게 지각되는지, 그리고 이것이 조직에 어떤 영향을 미치는지를 분석했다.

그의 연구에 따르면, 긍정적인 퇴사 과정은 조직에 남은 직원들에게 중요한 메시지를 전달한다. 퇴사하는 직원이 조직을 떠날 때 존중과 감사의 태도를 보이면, 이는 남은 직원들의 동기 부여와 만족도를 증진시키는 중요한 요소가 된다. 또한, 이러한 긍정적 경험은 조직의 학습 문화와 성과에도 긍정적인 영향을 미친다.

그렇기에 퇴사 과정에서 리더의 역할은 매우 중요하다. 리더가 퇴사하는 직원에게 전하는 품격 있는 메시지는 조직의 가치와 문화를 반영하며, 조직에 남은 직원들에게 강력한 메시지가 된다. 리더가 퇴사 직원에게 감사의 마음을 표현하고, 그들의 기여를 인정하는 것은 어떤 의미를 가질까? 미래에 대한 소망과 기대의 메시지는 조직 전체에 긍정적인 분위기를 조성하고, 외부적으로는 조직의 명성을 강화하는 데 기여한다.

의도했든 의도하지 않았든 긍정적인 퇴사 메시지는 조직 외부에도 영향을 미친다. 퇴사 직원이 조직에 대한 좋은 인상을 가지고 떠난다면, 이는 잠재적인 직원, 고객, 파트너들에게 조직에 대한 긍정적인 이미지를 전달하는 데 도움이 된다. 이는 향후 채용, 비즈니스 관계 및 조직의 전반적인 성장에 중요한 역할을 한다.

Situation 01
"그동안 애써주어 고맙습니다."
인정과 감사의 메시지

직원이 조직을 떠날 때 인정과 감사의 메시지를 전하는 것은 중요하다. 조직 문화와 퇴사 직원, 그리고 남아 있는 직원들에게 중요한 영향을 미치기 때문이다. 이러한 메시지는 조직이 직원들의 기여와 노력을 인식하고 가치를 두고 있다는 것을 보여주는 중요한 방법이다.

퇴사하는 직원에게 감사와 인정을 표현하는 것은 다음과 같은 이유로 중요하다. 먼저는 긍정적인 조직 문화를 촉진한다. 팀원들이 퇴사 과정을 함께 보고 있다. 언젠가 나도 저 과정을 거칠 것이라는 사실을 알고 있다. 구성원과의 이별의 순간 또한 관심과 애정을 가져야 하는 이유다. 긍정적인 퇴사 과정 설계는 퇴사를 앞둔 당사자

뿐만 아니라 남아 있는 직원들의 만족도와 충성도에도 긍정적인 영향을 미친다. 이는 조직의 내부 동기 부여와 직원들의 몰입을 강화하는 데 중요한 역할을 한다. 그렇기에 조직이 직원의 기여를 인정하고 감사를 표현하는 문화는 긍정적인 업무 환경을 조성한다.

둘째, 퇴사하는 직원이 긍적적인 마음으로 마무리 하는데 도움이 된다. 이는 잠재적인 채용 후보자들에게 조직이 직원을 어떻게 대우하는지에 대한 중요한 신호를 보낸다. 조직의 외부 이미지 개선에도 도움이 된다.

조직 리더와 관리자는 퇴사하는 직원에게 감사와 인정의 메시지를 전달함으로써 조직의 긍정적인 문화를 강화하고, 직원들과의 관계를 유지하는 데 중점을 두어야 한다. 이는 조직의 장기적인 성공과 긍정적인 명성에 기여하는 중요한 요소이기 때문이다.

다음 대화 예시를 살펴보자.

> 리더: 김대리, 오늘이 마지막 날이죠? 인수인계 빠짐없이 하고 자료들은 다 저장된 거지요? 솔직히 맡은 업무가 그렇게 비중 있거나 큰 건들은 아니라 다행이네요. 대체 인력을 구하지 않아도 될 수준이에요.
>
> 팀원: 아, 예… 인수인계와 자료 정리 모두 완료했습니다.
>
> 리더: 그래요. 오늘 마무리해야 하는 업무까지 차질없이 마무리하세요. 다들 업무에 방해되면 안 되니까 동료들과는 너무 요란하게 인사하지 않았으면 좋겠어요.
>
> 팀원: 예, 팀장님. 퇴근 시간 때만 간단히 인사하고 마무리하겠습니다.

리더가 퇴사하는 팀원에게 무시하는 듯한 태도로 대화를 진행하는 부적절한 사례이다. 팀원의 기여와 노력을 인정하지 않는 이 대화는 팀원뿐만 아니라 조직 문화에도 부정적인 영향을 끼칠 수 있다. 퇴사란 직장인들 모두가 언젠가는 겪게 될 길이다. 그가 어떤 동료였든 그의 수고에 진심으로 격려하며 꽃가마를 태워 보내주는 것이 더 깊은 차원의 인재 경영이다.

다음의 대화 예시도 함께 살펴보자.

> 리더: 김대리, 오늘이 마지막 날이라고 들었어요. 지난 4년 동안 김대리의 수고와 헌신에 진심으로 고맙습니다.
> 팀원: 팀장님, 늘 저의 성장을 위해 격려와 조언을 아끼지 않아 주셔서 감사드립니다.
> 리더: 처음 우리 팀에 발령 난 후부터 고객 페르소나 설정을 통한 고객 접점 시스템 구축, 고객 풀 확장으로 마케팅 영역을 뚫어준 김대리의 성과를 모두가 잘 알고 있습니다. 무엇이든 해보려 하고 될 수 있는 방법을 찾았던 김대리의 태도와 역량은 어디서든 빛을 발할 겁니다.
> 팀원: 감사합니다. 그동안 팀장님과 동료들을 통해 많은 것을 배우고 시도하고 성장할 수 있었습니다.
> 리더: 그동안 애써주어 참 고맙습니다.

위 대화에서 리더는 팀원의 기여를 인정하고, 팀원의 미래를 지지하며, 좋은 관계를 유지하려는 노력을 보여준다. 우리 조직을 떠나면 내부에서 배신자나 나쁜 사람이 되고 있는가? 현명한 기업은 퇴사자를 조직의 평생 지지자, 열렬한 홍보 대사로 만든다. 퇴사자는 고객이나 파트너가 되어 나타날 수 있고 심지어 재입사 대상자가 될 수도 있기 때문이다. 높은 이직률을 보이는 대퇴사 시대에 퇴사자는 우리에게 굉장히 중요한 사람이다. 각자가 성장하여 다시 만나기를 기대하며 발걸음을 축복해 주자.

Situation 02

"더 나은 회사, 리더가 되려면?"
발전의 메시지

포춘 500대 기업의 90% 이상이 퇴사 인터뷰를 정기적으로 진행하고 있으며, 이 과정에서 직원들에게 조직 내 변화를 위한 피드백을 요청하는 것으로 알려졌다. 이러한 인터뷰는 직원들에게 그들의 이전 경험과 성공을 돌아볼 수 있는 안전감을 제공하고, 긍정적인 관계를 유지하며 이별할 수 있도록 기회를 제공한다.

퇴사하는 직원에게 더 나은 리더와 회사가 되기 위한 피드백을 요청하는 것은 때론 용기가 필요하다. 그러나 어디에서도 얻을 수 없는 조직문화와 리더십 성장의 귀중한 소스를 얻을 수 있다.

하그리브스(Andy Hargreaves)교수와 핑크(Dean Fink)교수는 지속 가능한 리더십 개발의 중요성을 강조한다. 이 연구에 따르면, 지속 가능한 리더십은 조직의 장기적인 성공과 발전에 필수적이다. 이러한 맥락에서 퇴사하는 직원에게 "더 나은 회사, 리더가 되려면 어떻게 하면 좋을까요?"와 같은 발전 지향적인 메시지를 전하는 것은 매우 중요하다.

이러한 접근 방식의 중요성은 다음과 같은 3가지 측면에서 확인된다.

조직과 리더의 성장측면이다. 퇴사하는 직원으로부터의 솔직한 피드백은 조직과 리더가 자신들의 강점과 약점을 파악하고, 필요한 개선점을 이해하는 데 도움을 준다. 이는 조직과 리더의 지속 가능한 성장과 발전을 위한 중요한 기회를 제공한다.

조직 문화의 개선측면이다. 퇴사하는 직원에게 피드백을 요청하는 것은 개방적이고 학습 지향적인 조직 문화를 조성하는 데 기여한다. 이는 남아 있는 직원들에게 조직이 자기 개선에 관심이 있으며, 모든 직원의 의견을 가치 있게 여긴다는 강력한 메시지를 전달하기 때문이다.

조직의 장기적인 성공측면이다. 피드백을 통해 얻은 인사이트는 조직이 시장 변화와 산업 동향에 효과적으로 대응하고, 장기적인 경쟁력을 유지하는 데 도움이 된다. 이는 조직의 전략적 방향 설정과 의사 결정 과정을 강화하는 데 도움이 된다.

이러한 피드백은 조직이 끊임없이 발전하고, 시대의 변화에 적응하는 데 필수적인 요소로 작용한다.

다음 대화를 살펴보자.

> 팀원: 팀장님, 이제 근무일이 며칠 남지 않아 마지막으로 미팅 요청 드려도 되겠습니까?
> 리더: 아, 뭐 중요한 얘기인가요? 할 말은 메시지로 남겨도 되는데….
> 팀원: 꼭 드리고 싶은 말씀이 있어서 그렇습니다.
> 리더: 그럼 지금 얘기해요. 어떤 중요한 얘기길래 그래요?
> 팀원: 우리 회사는 조직 내 의사소통의 개선이 많이 필요해 보입니다. 지금까지 제가 함께 한 5개의 프로젝트 기획 때마다 팀원들의 괜찮은 아이디어와 전략이 나와도 한 번도 고려되지 않는 것을 보며 답답함이 있었습니다.

리더: 그렇군요. 지금까지 아무도 그런 의견을 준 적이 없어서 사실인지 잘 모르겠네요. 김주임의 개인적인 의견 같은데요? 마무리하는 과정에서는 긁어 부스럼 만들지 않는 것이 좋습니다. 인생의 지혜이니 잘 새겨 듣길 바랍니다.

팀원: 한 사람의 의견이라도 소중하게 받아들여 지길 바랬는데 역시 아닌가 봅니다. 알겠습니다.

회사에서 만족감과 행복을 느끼는 경우는 크게 다르지 않을 수 있다. 그러나 퇴사를 결정하게 된 상황에는 저마다 다양한 이유가 있기 마련이다. 누군가는 연봉 등 처우에 불만족스럽거나, 다른 누군가는 워라밸을 찾아 떠날 수 있다. 이유는 제각기 달라도 이 시점에서 회사가 해야 할 것은 우리 조직의 성장을 위한 피드백을 구하는 것이다. 입사 ~ 퇴사까지의 과정 중 직원이 가장 솔직해질 수 있는 골든타임이기도 하다. 진심으로 우리 조직이 성장하길 바란다면 이 때를 놓치지 않길 바란다.

다음의 대화를 살펴보자.

리더: 김주임의 퇴사 결정을 듣고 깊은 생각에 잠겼습니다. 우리 회사와 제 리더십을 개선하기 위해 김주임의 솔직한 의견을 듣고 싶어요. 우리가 더 나은 회사, 더 나은 리더가 되기 위해 어떤 점을 개선하면 좋을까요?

팀원: 팀장님, 마지막까지 이런 기회를 주셔서 감사합니다. 지난 3년간, 회사와 팀의 도전적인 목표와 방향성 덕분에 저도 많은 성장을 할 수 있었습니다. 그럼에도 우리 회사가 더 성장하길 바라는 마음으로 2가지만 말씀드리겠습니다. 저는 팀원들의 의견이 더 적극적

으로 반영되면 좋을 것 같습니다. 또한, 이전의 일하던 방식만을 고수하기 보다는 회사 전체가 혁신을 장려하고 새로운 아이디어를 마음껏 시도해 볼 수 있는 환경이 조성되면 참 좋겠습니다.

리더: 정말 중요한 포인트를 말해줘서 고맙습니다. 개방성과 혁신은 우리 조직에도 중요한 가치이기에 실제 일하는 방식에 적용될 수 있도록 고민하겠습니다. 그동안 김주임의 새로운 아이디어와 시도가 우리 팀의 발전에 긍정적인 영향을 주었습니다. 앞으로의 새로운 도전도 응원하겠습니다.

세계 최대 OTT 플랫폼 넷플릭스에는 '부검메일'(Postmortem e-mail)이라는 특별한 퇴사 문화가 있다. 단순히 퇴사자에 대한 사내 공유가 아니라 '부검'의 뜻 그대로 조직문화를 부검하는 기회로 삼는 것이다. 퇴사의 원인을 파악하고 공유해 더 나은 문화를 만들기 위한 노력하는 것이다. 부검메일에는 총 다섯 가지의 내용이 담긴다. 왜 떠나는지, 회사에서 배운 것, 회사에 아쉬운 점, 앞으로의 계획, 넷플릭스를 대표하는 회사의 메시지이다. 퇴사자가 작성하는 과정에서 결정을 번복하기도 하고, 한 팀의 고질적인 문제가 수면위로 드러나 해결되는 사례도 있다고 한다. 지속가능한 고객가치를 창출하는 건강한 기업이 되길 원한다면 퇴사자와의 미팅을 통해 발전 기회를 찾길 바란다.

Situation 03

"서로에게 자랑거리가 됩시다"
다짐과 응원의 메시지

위르츠(David J. Weerts) 교수와 론카(Justin M. Ronca)교수는 조직과 이전 구성원 간의 긍정적 관계의 중요성을 연구했다. 이 연구는 대학과 졸업생 간의 관계를 중심으로 진행되었지만, 그 개념은 기업과 퇴사하는 직원 간의 관계에도 적용될 수 있다. 퇴사하는 직원에게 "서로에게 자랑거리가 됩시다."와 같은 다짐과 응원의 메시지를 전달하는 것은 여러 면에서 중요하다.

먼저는 퇴사자와의 장기적인 관계 유지측면이다. 위르츠 교수와 론카 교수의 연구에 따르면, 조직과 이전 구성원 간의 긍정적인 관계는 장기적인 협력과 이후 네트워킹의 기회를 창출한다. 퇴사하는 직원에게 긍정적인 메시지를 전달함으로써 조직은 향후 비즈니스 기회, 추천, 그리고 전문적인 네트워크를 확장할 수 있는 기반을 마련한다.

또한 "서로에게 자랑거리가 됩시다."라는 메시지는 서로의 성장과 발전에 대한 지속적인 관심을 표현한다. 이는 조직과 퇴사 직원 모두가 서로의 성공을 추구하며, 이를 통해 상호 간의 성공 사례로 남을 수 있다는 긍정적인 전망을 제공한다.

이러한 메시지는 조직 내의 다른 직원들에게도 긍정적인 영향을 미친다. 퇴사 과정이 존중과 긍정적인 태도로 처리될 때, 현재 직원들은 조직이 개인의 기여를 가치 있게 여기고, 그들의 미래에도 관심을 갖고 있다는 인식을 갖게 된다. 긍정적인 조직 문화 조성을 이끌 수 있는 것이다.

퇴사하는 직원에게 응원과 축복의 마음을 전하는 것은 쉽지 않을 수 있다. 다만,

그 한 사람이 우리 조직뿐만 아니라 다른 곳에서도 성장하여 그의 삶을 충실히 살아내길 인격적으로 응원해주는 것이다. 이러한 성숙한 조직문화를 세워 나간다면 부수적으로 긍정적인 내/외부 브랜딩의 열매까지 보게 될 것이다.

다음 대화를 살펴보자.

> 리더: 이대리, 그동안 수고 많았습니다. 이제 간다니까 하는 얘긴데, 난 이대리의 업무 태도가 참 불만족스러웠어요.
> 팀원: 네? 무슨 말씀이세요?
> 리더: 사실 난 이대리가 우리 팀에서 어떤 것을 배우고 성장했는지 잘 모르겠어요. 새로운 업무를 전달할 때마다 미온적 태도로 일관했고, 나의 견해인지 모르겠지만 하고자 하는 마음이 잘 느껴지지 않았어요.
> 팀원: 아…. 그렇게 느끼셨나요? 근데 그걸 왜 이제서야 말씀하시는 거죠?
> 리더: 다른 회사가서도 이런 평판 받을 까봐 걱정돼서 그렇죠. 다른 조직에 가더라도 동일한 태도로 임한다면 성장을 기대하기는 어려워요. 그래도 나니까 이런 말 해주는 거예요. 새겨들어요.

퇴사의 과정에서 심심치 않게 볼 수 있는 풍경이다. 이별하기 전, '이때다! 내가 그동안 답답하고 속상했던 일을 다 말해줘야지.' 하고 쏟아내는 상황이 있다. 이별하는 순간은 그동안의 억눌린 감정을 털어놓기 보다 상대의 미래를 축복하고 응원해주는 것이 필요한 때이다. 모두의 이목이 집중되는 이별의 시기에 성숙한 조직의 모습을 보여주는 것이 남아있는 구성원과 조직문화를 챙길 수 있는 기회이다.

다음 대화도 함께 살펴보자.

> 리더: 이대리, 그동안 수고 많았습니다. 지금까지 쌓았던 프로젝트 매니징 역량과 문제해결 능력은 이대리가 어느 조직에 가서든 성과를 내는데 큰 도움이 될 겁니다.
> 팀원: 그동안 새로운 프로젝트 매니징에 믿고 맡겨 주셔서 참 감사했습니다. 덕분에 성장할 수 있었습니다.
> 리더: 동료로서는 이렇게 헤어진다는 것이 참 아쉽지만 새로운 비전을 향해 가는 길인만큼 응원해 주고 싶네요. 서로에게 자랑거리가 될 수 있도록 열심히 달려가 봅시다. 머지않아 각자의 정상에서 다시 기쁘게 만납시다.

이렇게 말하는 리더를 만난 적이 있는가? 이 책을 읽고 있는 리더라면 내가 먼저 이런 리더가 되어줘야 겠다는 결단이 있길 바란다. '이대리가 자랑스러워할 만한 회사로 더 성장하겠습니다.', '이대리도 우리가 자랑스러워할 만한 사람으로 성장해 주세요.' 이처럼 서로의 성장과 성공을 진심으로 응원하며 헤어질 줄 아는 성숙한 기업문화가 우리나라에도 자리잡길 바란다.

Situation 04
"100점에서 120점으로 간다면?"
지지적 피드백의 메시지

현대 경영학의 아버지, 피터 드러커(Peter F. Drucker)는 이렇게 말한다. '지식근로자를 위한 확실하고도 유일한 학습방법은 '피드백'이다. 입사 ~ 퇴사의 과정까지 피드백은 모든 과정에 필수 요소이다. 미국의 학술지 플로스 원(PLos one)은 '미래의 성과에 초점을 맞춘 피드백은 개인의 긍정적인 행동 변화를 유도하는 데 효과적임'을 입증한 바 있다.

퇴사하기 전까지 우리는 이들의 성장을 책임지던 리더였다. 그가 이 조직을 나가기로 결심한 순간, 우리는 어떤 마음가짐으로, 어떤 액션을 취해야 할까? 그의 선택과 결정을 존중하며 마지막으로 우리가 해줄 수 있는 성장 관점의 지지적 피드백을 전하는 것이다. 먼저는 퇴사를 앞둔 직원에게 그동안 그가 이룬 성과와 성장에 대한 격려와 인정을 해보자. 그 다음 "더 발전하기 위해서 어떤 부분을 더 노력해야 할까요?", "지금도 100점이지만 120점이 되려면 어떤 부분을 보완하면 좋을까요?"와 같은 지지적 피드백 메시지는 상대방의 성장을 지지하는 품격있는 메시다.

이러한 메시지가 대한민국의 퇴사문화에서는 낯설게 여겨질 수 있다. 상대의 성장을 위한 지지적 피드백은 그를 위한 진정성 있는 사랑에서부터 비롯될 수 있기 때문이다. 함께 공동의 목표와 사명을 위해 달렸던 구성원이 더 높은 차원으로의 성장과 성숙을 경험할 수 있도록 끝까지 우리의 역할과 책임을 다해보자.

다음의 대화를 함께 살펴보자.

> **리더:** 민정씨가 우리 회사에서 개발한 교육상품과 도구 그리고 프로세스 덕분에 참여자들의 몰입도와 만족도가 정말 많이 성장했음을 느낍니다. 그 동안 수고 많았습니다.
> **팀원:** 그동안의 시간을 긍정적으로 피드백 해 주셔서 감사합니다.
> **리더:** 민정씨가 떠나는 것은 많이 아쉽지만, 또 새로운 성장의 무대가 기다리고 있음에 기대도 됩니다. 민정씨의 다음 스텝을 위하는 마음으로 한 가지 피드백만 공유해줘도 될까요?

팀원: 예 그럼요. 팀장님! 말씀해 주십시오.

리더: 이미 민정씨는 100점짜리 팀원이지만 120점으로 갈 수 있는 한 가지만 전해주고 싶어요. 프로젝트 관리 역량, 매출을 보는 눈, 조직화 역량을 더 발전시킨다면 정말 훌륭한 리더가 될 수 있을 거라 생각하고 있어요. 다음 회사에서 이 부분도 참고해서 성장해 가기를 기대할게요. 그동안 함께 해줘서 정말 고맙습니다.

팀원: 마지막까지 저의 성장을 위해 도움 주셔서 감사합니다. 프로젝트 관리, 매출 관리, 조직화 역량까지 잘 쌓아가겠습니다.

피드백을 줄 때도 다양한 방법론과 언어 스킬이 있다. 하지만 그 이면에 가장 중요한 본질은 '정말 이 사람이 더 잘 되기를 원하는 나의 진심이 있는가?', '이 말이 진정으로 상대를 위한 말인가?' 라는 것이다. 이 한 사람이 그의 삶에서 충실히, 탁월하게 살아 내길 원하는 전인격적인 관계가 있는가? 지금도 잘 하고 있지만 앞으로 더 발전할 수 있는 영역, 100점에서 120점이 될 수 있는 꿀팁스러운 피드백을 진심으로 전해보자. 인격적인 관계가 형성되어 있다면 그 어떤 것보다도 귀한 선물이 될 것이다.

03

뭐라고 말해야 할지
애매한 상황,
메시지의 품격

변화를 가져다 주는 사람 또는 시간을
기다리기만 한다면, 그 변화는 오지 않을 것이다.
우리가 바로 우리를 기다리던 그 사람들이다.
우리가 찾던 그 변화는 바로 우리 자신이다.

Barack Obama (미국 44대 대통령)

Situation 01
신규입사자 첫 출근 시

신규입사자의 첫 출근시 리더의 말은 중요한 무게를 가진다. 그들을 환영하고, 팀의 일원으로 받아들이며 새로운 환경에 적응할 수 있도록 격려하는 데 중점을 두어야 한다. 이를 통해 신규입사자는 조직의 일부가 되어 활약할 수 있도록 동기 부여를 받을 수 있다.

1. 환영과 기대감 표현

"반갑습니다. 저는 박원석이라고 해요. 최종 면접 후,
오시기만을 기다리고 있었어요. 환영해요. 함께 잘 해봅시다."
신규입사자를 진심으로 환영하고, 그들이 팀에 합류한 것에 대한 기쁨과 기대감을 표현한다.

2. 면접 시의 인상 언급하며 격려

"면접에서 열정 있는 모습이 인상적이었는데 오늘이 첫 출근이네요!
반가워요! 앞으로 즐겁게 일하며 활약하실 것을 기대하겠습니다."
신규입사자의 면접 시 인상적인 모습을 언급하며 능력과 열정을 인정하고, 앞으로의 활약을 기대한다는 메시지를 전달한다.

3. 팀 소개와 지원 요청

"여러분! 오늘부터 인사직무에서 함께하실 홍길동님 입니다.

아주 많이 기다렸지요? 우리가 원했던 가장 적합한 분을 모셨습니다.
처음이라 어색할 수 있으니 모두가 많이 도와주시기 바랍니다."

팀원들에게 신규입사자를 소개하고, 신규입사자가 새로운 환경에 쉽게 적응하고 팀의 일원이 될 수 있도록 도와달라는 요청을 한다.

이러한 대화 방식은 신규입사자가 조직에서 환영받고 있으며, 그들의 조직 내 성과와 팀 내에서의 적응이 중요하다는 것을 보여준다. 리더로서 이러한 접근은 신규입사자가 새로운 환경에 빠르게 적응하고, 조직 내에서 활발하게 활동할 수 있도록 격려하고 지원하는데 중요한 역할을 한다.

Situation 02

신규입사자와의 1:1 미팅

신규입사자와의 1:1 미팅에서 리더로서 신규입사자를 환영하고, 그들의 선택과 능력을 인정하며, 그들의 기대와 목표에 대해 이해하고 지원하려는 태도를 보여야 한다. 이러한 대화는 신규입사자가 조직의 일원으로서 자신감을 느끼고, 자신의 역할과 기여에 대해 긍정적으로 생각하도록 돕는다.

1. 환영과 감사 표현

"함께 일할 수 있어 기뻐요. 여러 선택의 기회가 있었을텐데 우리 회사를 선택해줘서 고맙습니다. 잘해봐요 우리!"

신규입사자가 회사를 선택한 것에 대한 감사를 표현하며 환영한다는 메시지를 전달한다.

2. 인정 및 기대표현

"면접 중에 홍길동님이 이전 직장에서 진행한 데이터 분석 프로젝트에 대한 설명을 듣고 우리 회사의 디지털 전환에 필요한 통찰력을 가진 분이라는 생각을 했어요. 이러한 기술과 경험은 우리 팀에 큰 도움이 될 것 같아요.
기대하고 있습니다. 함께 해주셔서 감사해요."
신규입사자의 능력과 경험을 인정하고, 그의 기여가 회사에 어떻게 중요한지를 강조한다.

3. 직원 개발과 성장

"어떤 영역과 방향으로 성장하고 싶을까요? 성과 내고 성장하는데 있어서 리더로서 꼭 지원해줬으면 하는게 있다면 무엇일까요? 시간과 자원이 주어진다면 회사에서 제안한 일 외에 도전해보고 싶은 영역이 있을까요?"
신규 입사자가 자신의 경력에서 중점을 두고 싶은 영역과 그들이 필요로 하는 지원에 대해 논의하고, 그들의 직업적 성장과 발전을 지원하겠다는 리더의 의지를 나타낸다.

이러한 대화 방식은 신규 입사자가 자신의 역할과 기여에 대해 긍정적으로 생각하도록 격려하고, 그들의 개인적인 목표와 조직의 목표가 어떻게 연결될 수 있는지를 탐색한다. 리더로서 이러한 접근은 신규 입사자가 조직에 빠르게 적응하고, 업무에 효과적으로 기여할 수 있도록 격려하고 지원하는 데 중요하다.

Situation 03
신규입사자와의 식사

대부분의 리더들이 새 직원이 왔을 때 보통 첫날 점심 식사를 함께 하며 대화를 나눈다. 신규 입사자와의 식사 자리는 리더가 직원을 개인적으로 알아가고, 그들의 출근 첫날의 경험을 듣고, 필요한 지원을 제공할 수 있는 좋은 기회이다.

아래는 신규입사자와의 식사 자리에서 함께 나눌 수 있는 질문 목록이다.

- 어디 사세요?
- 오늘은 출근할 때 어떻게 왔어요?
- 업무 도구는 잘 전달 받으셨어요?
- 어떤 음식을 좋아하는 편이에요?
- 입사 첫날의 오전은 어떠셨나요?
- 아침에는 동료들과 대화 좀 했나요?
- 막상 입사해보니까 예상했던 거랑 어때요?
- 이 일을 선택하게 된 이유가 있을까요?
- 이 일을 하는 데 있어서 어떤 어려움이 있으셨나요?
- 살아오면서 자랑스러운 성취는 무엇인가요?
- 주변에 도움을 주는 사람이 있다면 누구인가요?
- 앞으로 미래에 어떤 계획이 있으신가요?
- 어떤 사람으로 기억되고 싶으세요?

이러한 질문은 신규 입사자가 편안하게 자신의 생각과 느낌을 공유할 수 있는 환경을 조성하며, 리더가 그들의 초기 적응과 성장을 지원하는 데 중요한 역할을 한다. 간단한 질문에서부터 깊은 대화로 이끄는 질문 리스트이다. 리더로서 이런 종류의 개방적이고 지원적인 대화는 신규 입사자가 회사 생활에 긍정적으로 적응하고 업무에 효과적으로 참여할 수 있도록 도움을 준다.

Situation 04
신규입사자 퇴근 시

신규입사자가 첫 퇴근을 할 때는 무엇보다 짧게 마무리하고 퇴근할 수 있게 돕는 것이 중요하다. 입사 첫날은 신입, 경력직 상관없이 과도한 긴장으로 고단한 하루이기 때문이다. 신규입사자의 첫 퇴근 시, 리더로서 격려와 지원을 제공하는 것은 그들의 성공적인 조직 적응과 긍정적인 업무 경험을 위해 매우 중요하다.

1. 노력에 대한 인정과 감사 표현

"오늘 첫날 고생 많았습니다. 잘 쉬고 내일 봅시다!"
신규 입사자가 첫날을 잘 마무리했다는 것을 인정하고, 그들의 노력에 감사함을 표시한다. 또한, 충분한 휴식을 취하고 다음 날을 위해 에너지를 충전하도록 격려한다.

2. 적응 과정에 대한 이해와 업무 안내

"첫날이라 모든게 어색했을텐데 고생 많았습니다. 내일부터는 업무 인수인계가 시작되지요? 내일도 오늘과 같은 시간에, 오늘 안내 받은 자리로 바로 출근하시면 되겠어요. 내일 뵐게요! 수고했습니다."

신규입사자가 첫날의 새로운 환경과 업무에 적응하는데 어려움을 겪었을 수도 있다는 것을 이해하고, 다음 날의 업무 준비에 필요한 구체적인 정보를 제공한다. 이를 통해 신규입사자는 다음 날에 대한 기대와 준비를 할 수 있다.

이러한 대화 방식은 신규 입사자가 첫날의 경험을 긍정적으로 마무리하고, 다음 날에 대한 준비와 기대를 할 수 있도록 격려한다. 또한, 리더가 그들의 적응 과정에 관심을 갖고 지원할 준비가 되어 있음을 보여준다.

Situation 05
주도성을 갖게 하고 싶을 때

직원들의 변화를 촉진하기 위해서는 리더가 코칭에 중점을 두어야 한다. 이는 단순한 지시나 가르침보다는 1:1 대화를 통해 이루어진다. 리더는 직원이 스스로 목표와 방향을 설정할 수 있도록 적절한 질문을 해야한다. 이 과정에서 리더는 직원이 업무에 몰입하고 성장할 수 있도록 필요한 지원을 고려하게 된다. 코칭은 리더가 문제를 지적하고 해결하기보다는 질문을 통해 직원 스스로 문제를 인식하고 해결책을 찾게 하는 데 초점을 맞춘다. 직원이 스스로 문제를 인식하면 리더는 그들에 대한 신뢰와 기대를 표현함으로써 그들의 주체성을 강화할 수 있다.

주도성을 갖게 하고 싶을 때 코칭에 사용할 수 있는 질문들은 다음과 같다.

1. 자기 평가 :
"주현씨가 업무를 하면서 발견한 강점은 무엇이라고 생각해요?
그리고 이 강점을 어떻게 더 적용할 수 있을까요?"

2. 목표 설정 :
"앞으로 1개월 혹은 3개월 내에 달성해보고 싶은 구체적인 목표가 있나요?"

3. 장애물 파악 :
"목표 달성에 있어 현재 가장 큰 장애물은 무엇이라고 생각하세요?"

4. 행동 계획 :
"해당 목표를 위해 어떤 구체적인 행동을 취할 계획인가요?"

5. 지원 요청 :
"제가 도와줄 일이 있을까요? 목표 달성을 위해 저 또는 조직이
어떤 지원을 제공해주면 도움이 될까요?"

이러한 질문들은 직원이 스스로 생각하고, 문제를 해결하며, 주도적으로 행동하는 데 도움을 준다. 또한, 이러한 대화를 통해 직원은 자신의 업무에 대한 책임감과 몰입도를 높일 수 있으며, 리더는 직원의 성장과 발전을 촉진할 수 있다.

Situation 06

직원이 새로운 도전을 두려워할 때

직원이 도전에 주저하거나 결과에 대해 걱정할 때, 리더로서 그들에게 자신감을 심어주고 도전을 격려하는 것이 중요하다. 이때, 리더는 목표 설정에 있어 타협하지 않으면서도 지원과 격려를 제공해야 한다. 리더는 직원에게 단순히 친절한 존재가 아니라 그들이 성공할 수 있도록 돕는 존재이다. 도전의 목표에 대해 타협하지 않되, 실행 방법과 필요한 자원에 대해서는 함께 고민하며 대화를 이끌어야 한다.

도전을 주저하는 직원을 격려하는 예시문은 다음과 같다.

"결과를 미리 걱정하지 마세요. 김대리님이 이 도전을 통해 성장하는 것 자체가 중요합니다. 성장에 집중하며 최선을 다해봐요 우리."

"김대리님은 이미 도전할 자격이 충분해요. 지난번 해외 시장 진출 전략 프로젝트에서 보여준 김대리님의 능력을 기억해보세요. 그 덕분에 우리는 목표를 초과 달성했습니다. 이번에도 잘할 수 있을거에요. 저도 잘 돕겠습니다."

"이 도전이 김대리님에게 매우 중요하다고 생각해요. 만약 필요한 자원이 걱정된다면, 그 부분은 제가 책임지고 해결하겠습니다."

이런 방식으로 리더는 직원에게 필요한 자신감과 지원을 제공함으로써 그들이 도전에 맞서 성장하고 성공할 수 있도록 격려하는 것이 중요하다.

Situation 07
목표를 점검할 때

　조직의 목표를 설정한 후, 그 목표를 향해 나아가는 과정에서 지속적인 점검과 대화는 리더의 중요한 역할이다. 목표 달성을 위한 대화에서 리더는 직원들이 현재의 업무 방향이 목표와 일치하는지, 그리고 목표가 조직 또는 고객의 필요와 얼마나 잘 연결되어 있는지 자문하게 해야 한다. 이 과정에서 중요한 것은 대화가 평가나 명령으로 느껴지지 않게 하는 것이다. 대신에 우리가 목표를 어떻게 달성할 수 있을지, 장애물을 극복하고 목표를 달성하기 위한 방안에 대해 이야기해야 한다. 목표 달성을 위한 피드백이 직원에게 재촉이나 잔소리로 느껴지지 않도록 의사소통하는 것이 중요하다.

　1. 개방적 질문을 통한 탐색

"우리가 얻고자 하는 것이 무엇이었지요? 우리의 목표는 무엇이었습니까"
이를 통해 핵심결과지표를 상기하고 목표를 향해 잘 가고 있는지 점검하도록 한다.

　2. 우선순위와 중요성 이해

"우리의 목표를 달성하기 위해
현재 가장 우선순위 과업은 무엇이라고 생각하나요?"
이는 직원들이 현재 업무에서 가장 중요한 요소를 파악하고, 목표 달성과 연결시키도록 돕는다.

3. 진행 상황 평가 및 예측

"현재의 진행 상태로 보아 목표 달성은 어느 정도 가능할까요?"
직원들에게 현재의 진행 상황을 평가하고 필요하다면 조정할 수 있는 기회를 제공한다.

4. 실행촉진을 위한 질문

"새롭게 시도해볼 수 있는 것은 무엇이 있을까요?"
이는 팀원들이 목표 달성에 있어 새로운 아이디어나 접근방식을 탐색하도록 장려한다. 창의적인 사고를 촉진함으로써 개인이나 조직은 전통적인 방식을 넘어서 혁신적인 해결책을 찾을 수 있다.

Situation 08
목표달성이 되지 않을 때

리더로서 결과물에 대해 피드백 할 때는 2가지의 경우가 있다. 목표 설정이 잘못되어 목표에 도달하지 못했을 때와 직원들이 최선을 다 했으나 목표에 도달되지 못한 경우이다. 전자의 경우 리더는 감정적인 대응을 경계하고 목표를 재설정하여 계속 앞으로 나아갈 수 있도록 안내해야 한다. 후자의 경우에는 개선해서 성장할 수 있는 피드백 포인트가 있는지 탐색해보도록 질문을 던지는 것이 필요하다. '사람'이 아닌 '행동'에 초점을 맞추고 개선책을 함께 찾는 것이 중요하다. 의미 있었던 진전을 발견하고 다음번에도 그렇게 할 수 있도록 격려해주는 것이 요구된다.

1. 진전된 부분 발견

"목표 달성은 못했지만 우리가 얻은 지식이나
진전이 있었던 부분은 있다면 어떤 걸까요?"
이 접근법은 실패에도 불구하고 팀원들이 긍정적인 측면을 인정하고 집중하도록 격려한다. 이를 통해 팀원들은 자신들의 노력이 헛되지 않았다고 느끼며, 자신감을 유지하고 더 나은 결과를 위해 노력할 수 있다.

2. 공동 피드백 세션

"왜 목표 달성이 안되었을까요?
이번 일을 우리 다같이 피드백 한번 해보면 어때요?
다음번 우리의 목표 달성을 위해 해야할 것과 하지말아야 할 것은 무엇일까요?"
목표 달성에 실패한 원인을 함께 분석하고, 이를 통해 팀 전체가 배울 수 있는 기회로 삼는다. 이 과정에서 비난이나 부정적인 감정을 배제하고 객관적이며 건설적인 피드백에 중점을 두어야 한다.

3. 미실행된 아이디어 탐색

"우리가 하려고 계획 했는데 시도하지 않았던 게 혹시 있었나요?"
이를 통해 팀원들은 미래의 프로젝트에 대해 더욱 창의적이고 혁신적인 접근을 고려할 수 있다.

Situation 09
예상된 시간보다 결과물이 늦어졌을 때

　직원이 약속한 기한을 지키지 못했을 때 평가자 모드로 대화를 하기보다는 대안을 찾기 위한 대화로 끌고 가야 한다. 직원이 있는 그대로의 사실로 소통할 수 있도록 심리적 안전감을 형성하는 대화가 요구된다. 무엇보다 결과물이 늦어지는 이유를 찾고 이후에 재발하지 않도록 하는 것이 핵심이다. 결론적으로 합의된 시간에 결과물을 공유하지 못했으니 개선에 대한 피드백을 하되, 결과물이 늦어지는 이유와 상황에 따라 적절하게 소통하는 것이 중요하다.

　1. 이해와 기대 표현

"솔직하게 말 해줘서 고마워요. 들어보니 이번에 결과가 늦은 거는 더 좋은 결과물을 만들려다가 그런 것 같아요. 그런데 다음번에는 결과물의 품질도 중요하지만 속도에 더 민감해지면 좋겠어요. 혹은 진행하면서 저에게 늦어질 것 같다는 상황공유를 빠르게 해주면 저도 도울 방법을 찾을 수 있을 것 같아요. 이게 우리가 일하는 방식이에요."
이러한 말은 직원이 상황을 솔직하게 공유한 것에 대해 감사함을 표현하며, 그들의 노력을 인정한다. 다만, 명확한 기대와 방향성을 알려주는 것도 중요하다.

　2. 기한 준수와 소통의 중요성 강조

"저는 제시간 안에 결과물이 오지 않으면 불안함을 느낍니다. 품질만큼 속도도 중요해요. 품질 수준도 고려해서 목표를 세우기 때문에 기한을 맞출 수 있어야 합니다. 저도 잘 돕겠습니다. 앞으로 저와 있는 그대로의 상황을 소통해주세요. 어떻게 생각하세요?"

이 문장은 직원에게 기한 준수와 소통의 중요성을 상기시킨다. 또한, 목표 설정 시 품질과 기한을 모두 고려해야 한다는 점을 강조한다. 있는 그대로의 사실을 바탕으로 리더의 감정을 알려주고 구체적인 욕구와 더불어 상대방에게 질문하는 것이 중요하다.

Situation 10
교정적 피드백을 한 이후

부정적 피드백을 들은 다음에는 누구나 기분이 좋지 않다. 이에 직원의 성장관점에서 수고와 노력을 인정해주는 것이 필요하다. 나아가 피드백에 대한 직원의 생각과 질문을 허용해주어야 한다. 대화는 일방향이 아닌 쌍방향 소통이다.

교정적 피드백을 한 후 행동이 교정되려면 지지적 인정이 동반되어야 한다. 직원이 용기 내어 피드백을 수렴하였을 때 반드시 놓치지 않고, 용기와 수렴에 대한 고마움과 인정을 전달해야 한다.

1. 증거가 있는 인정과 지원의 약속

"지난번 제가 매출표에 적자는 빨간색으로 표기해야 한다고 했지요?
제가 요청한 피드백 사항을 이번에 잊지 않고 적용해주어 참 고맙습니다.

하나하나 적용하기 어려운 일일 텐데 적극적으로 수용해주어 참 고맙습니다.
김대리의 성장을 위해 저도 함께 고민하고 제가 도울 부분이 있다면 적극적으로
돕겠습니다."

증거가 있는 인정은 상대방으로 하여금 긍정적 행동강화를 이끌며, 이러한 접근
은 직원에게 리더가 자신의 발전에 관심을 갖고 지원하고자 한다는 신뢰감을 준
다.

2. 피드백 수용에 대한 감사와 격려

"피드백이 마음 불편했을 수도 있을텐데 잘 받아들여 주어 고맙습니다.
그래도 이 부분을 잘 교정하면 분명 역량이 성장할 겁니다. 고생 많았어요!"

이는 직원이 느꼈을 수 있는 불편함을 이해하고 존중한다는 메시지를 전달한다.
또한 직원이 피드백을 긍정적인 기회로 볼 수 있도록 돕는다. 이러한 대화 방식은
직원이 피드백을 개인적인 비판으로 받아들이기보다는 성장과 발전의 기회로 활
용할 수 있도록 격려한다.

Situation 11

고충 상담 시

리더로서 구성원들이 직장 생활에서 겪는 고충을 이야기할 때, 이에 대한 적절한
대응을 함으로 심리적 안전감을 형성할 수 있다. 직원들의 고충을 들어줄 때는 직원

들의 심리적 상황에 대해서 공감을 하는 것이 중요하다. 다만 요구를 수용하거나 해결을 그 자리에서 약속하는 것은 위험할 수 있다. 고충의 원인을 파악하는 데 집중해야 한다.

또한 직원의 개인적인 이야기가 제3자에게 전달되어서 노출되지 않도록 특별히 주의해야 한다. 만일 담당부서에 공유를 해서 해결을 하기 원한다면 사전에 면담자와 이야기해서 동의를 구하는 것이 필요하다. 아래는 직원의 고충을 들어줄 때 사용할 수 있는 예시문이다.

상황 : 업무량 과다로 인한 직원의 고충을 상담하는 상황

"지금 김대리님 상황에 공감이 되고 충분히 힘들 수 있겠네요.
이야기해줘서 고맙습니다. 직원들이 업무로 인해 과도한 스트레스를 받는 것은 우리 모두에게 좋지 않죠. 김대리님의 상황을 듣고 있으니 저도 고민이 되네요."

"해결 방법에 대해서 저도 고민해 보겠습니다. 업무 분배나 우선순위 조정 등을 통해 김대리님의 업무 부담을 줄일 수 있는 방안을 찾아볼게요."

"혹시 이 문제를 인사팀이나 관련 부서에 전달해도 될까요?
그들과 함께 더 효율적인 해결책을 모색해볼 수 있을 거예요."

"김대리님의 마음이 참 속상할 것 같아요.
내가 도움을 줄 수 있는 일은 무엇일까요? 김대리님이 더 효율적으로 일하고 건강한 업무 환경을 유지할 수 있도록 어떤 지원이 필요한지 말씀해주세요."

이 대화는 리더가 직원의 개인적인 문제에 대해 이해와 공감을 표현하는 동시에, 문제 해결을 위한 실질적인 조치를 취하는 방식을 보여준다.

Situation 12
사건을 조사할 때

취업규칙이나 내규에 위반되는 징계 수준의 사건이 발생되어, 연관된 직원을 조사하는 경우가 있을 수 있다. 이때는 사실을 확인하는 형태의 화법을 써야 한다. 대화를 나누며 감정적으로 대응하지 않도록 유의하며 단호하고 중립적인 태도를 유지해야 한다.

간혹 사건 조사 시 직원이 대화를 녹음하는 경우가 있다. 따라서 공격적인 어투가 아닌 객관적인 사실을 수집하는 형태로 대화를 나눠야 한다.

상황 : 직원의 언행 문제로 이탈 고객 발생

"김대리님, 제가 참 마음이 무겁습니다.
상황에 대해 솔직하게 이야기해줄 수 있습니까?"

"최근 발생한 고객 이탈 사건과 관련하여 몇 가지 확인해야 할 사항이 있습니다. 김대리님이 고객에게 비속어가 포함된 불쾌한 언어를 써서 고객 이탈이 발생된 것이 맞습니까? 김대리님은 이 상황에 대해 어떻게 느끼고 생각하고 있습니까?"

"이번 사건에 대한 정확한 이해와 김대리님의 입장을 파악하는 것이 중요합니다. 이번 사건을 육하원칙에 의해서 최대한 사실 중심으로 구체적으로 작성하여 저에게 보내주십시오."

사건을 조사하며 상황을 공정하고 객관적으로 평가하면서 동시에 직원에 대한 존중을 놓치지 않는 것이 중요하다. 직원에게 상황에 대해 명확히 설명한 후 이에 대한 직원의 입장을 듣고 자신의 관점을 전달할 수 있는 기회를 제공해야 한다. 이를 통해 사건에 대한 다양한 관점을 포착함으로 균형 잡히고 합리적인 결정을 내릴 수 있다.

무엇보다 사실에 기반한 조사를 위해 정확하고 신뢰할 수 있는 정보를 수집하는 것이 필수적이다. 사건에 대해 직접적인 질문을 함으로 필요한 정보를 효과적으로 얻을 수 있다. 또한 직원이 자신의 의견과 사실을 솔직하게 전달할 수 있도록 심리적 안전감을 형성하는 구조에서 대화를 진행해야 한다.

Situation 13

징계 또는 경고할 때

직원의 문제 행동으로 인해 직원을 징계하거나 문제 사항에 대해 경고해야 할 때엔 명확하고 적절한 커뮤니케이션 방식이 필요하다. 확실한 사실과 구체적인 근거를 포함하여 엄중한 경고를 해야 한다. 직원의 행동이 조직의 핵심가치와 어떻게 반대되는지, 그리고 어떤 조직 내 규정을 위반하는지 명시해야 한다. 이를 통해 행동의 심각성을 강조할 수 있다. 나아가 재발 시에 취해질 수 있는 조치를 분명히 하기 위해 가능한 징계 절차와 결과를 전달해야 한다.

또한, 직원에게 문제의 심각성을 인지하고 있는지 질문하며 문제를 인식하고 반성하는 기회를 제공해야 한다. 직원이 자신의 입장을 말할 수 있는 기회를 제공함으로 상호 이해를 증진시키고 직원이 문제를 개선하려는 의지를 가질 수 있도록 도와야 한다. 리더는 직원에게 다음과 같이 경고할 수 있다.

"지난 1월 3일 발생된 부적절한 언사로 상사에게 대응한 건은 우리 핵심가치와 반대되는 행동이며, 취업규칙 68조의 징계 사유에 해당될 수도 있는 문제상황입니다. 재발될 경우 인사위원회를 통해 정식으로 징계할 만한 사안이어서 엄중 경고 드리니 특별히 주의를 부탁드립니다."

이와 같은 대화를 통해 문제행동의 재발을 방지하며 이해와 협조를 이끌어내는 동시에 조직의 규정과 가치를 유지할 수 있다.

Situation 14
잦은 지각/조퇴하는 직원에게

지각이 잦고 반복해서 조퇴하는 직원과의 대화에서의 핵심은 잦은 지각이나 조퇴의 원인을 파악하는 것이다. 직원에게 말 못할 사정이 있을 수 있다. 이런 경우 직원의 이야기에 귀를 기울이며 충분한 공감을 제공해야 한다.
다만 이러한 상황에서도 업무상의 우려는 반드시 전달해야 한다. 특히나 동료에게 영향을 줄 가능성이 있기 때문에 이에 대해서는 분명히 경고를 해야 한다.

나아가 지각의 원인을 해결하기 위해 도움과 지원을 제안할 수 있다. 직원에게 긍정적인 변화를 기대한다는 메시지를 전달함으로써 자신감과 책임감을 부여할 수 있다. 결론적으로 대화의 목적은 직원이 문제 원인을 극복하고 행동을 개선하도록 하는 것이다.

"김대리가 요즘 지각이 늘고 있는 게 보입니다.
혹시 내가 모르는 무슨 일이 있습니까?"

"일이 바쁘고 체력적으로 지칠 수 있는 시즌인 것 같아요.
김대리의 상황이 공감은 됩니다. 하지만 지각하는 행동이
팀 분위기와 업무에 좋지 않은 영향을 주고 있음은 꼭 알았으면 해요.
시간 약속은 공동체와의 약속이니까요."

"가벼운 일이 아닌, 중요한 일로 받아들여주면 좋겠어요. 부탁합니다.
지각이 반복되지 않도록 제가 도울 것이 있으면 말씀해주세요.
문제 행동을 충분히 바로잡으실 수 있는 분이라고 믿습니다."

이러한 대화를 통해 리더로서 지각 문제에 대해 공감과 이해를 바탕으로 접근하고 있음을 보여줄 수 있다. 동시에 행동의 결과를 명확히 지적함으로 직원이 자신의 행동이 주변에 미치는 영향을 인식하도록 유도할 수 있다. 리더는 도움을 제공할 의향이 있음을 나타냄으로 직원이 문제 행동에 머물지 않고 이를 개선할 수 있는 길을 열어주고 협력적인 환경을 조성할 수 있다.

Situation 15
직원에게 부서이동을 통보하는 경우

    회사의 필요에 의해 직원의 부서를 옮길 시 해당 직원과 사전에 충분히 협의가 되어야 한다. 그렇지 않으면 소중한 인재가 떠나가게 될 수 있다. 어떤 이유에서 부서가 바뀌는지 맥락을 자세히 설명하고 이동할 부서에서 어떤 역할을 기대하는지 설명해주고 설득하는 것이 요구된다.
    부서가 변경되는 것에 부정적인 인식을 가지게 되면 직원이 업무에 몰입하지 못할 수 있으니 주의가 필요하다.

1. 전략적 이유와 기대감 표현

"전사적으로 한동안 마케팅 영역에 집중하려고 해요. 누가 가장 적합할까 고민이 많이 되었는데 가장 잘 수행해줄 수 있는 사람이 김대리라고 생각했어요.
이 영역에 강점이 있음을 제가 알고 있어요. 마케팅 부서로 이동하게 되면 김대리의 커리어 개발과 성장에 도움이 될 것 같은데, 어떻게 생각할까요?"
부서 이동의 전략적인 이유와 고민의 결정이었다는 것을 알려준다. 그리고 그 이동이 직원의 커리어에 어떤 긍정적인 영향을 미칠 수 있는지를 설명한다. 또한, 직원의 의견을 물어보는 것으로 그들의 생각과 감정을 중요하게 여긴다는 메시지를 전달한다.

2. 직원의 능력과 프로젝트 적합성 강조하기

"이번 프로젝트에 가장 적합한 사람은 김대리입니다. 부서와 업무의 변화가 있겠지만 김대리의 강점을 생각하면 충분히 성과가 있을 것으로 기대합니다.
프로젝트를 맡아 주실 수 있겠습니까? 잘 수행할 수 있도록 돕겠습니다."
직원의 강점과 새로운 프로젝트에 대한 적합성을 강조하며, 새로운 역할에서 보여줄 성과에 대한 기대감을 나타낸다.

Situation 16

직원이 부서이동에 대한 불만을 이야기할 때

회사의 필요에 의해 부서 이동을 권유했지만, 직원이 큰 거부감을 표현할 수도 있다. 직원이 불만을 표시한 것을 부정적으로 받아들이기 보다는 해당 직원이 불편한 마음을 표현한 용기에 격려를 보내는 것이 요구된다.

리더의 기대감과 부서 이동 시 얻을 수 있는 시너지를 명확하게 인지시켜주고, 서로 고민할 시간을 갖는 것으로 대화를 마치면서 다시 미팅 일정을 잡는 것이 좋다.

1. 직원의 의견에 대한 감사와 인정 표현

"우선 제가 인지하지 못한 부분을 있는 그대로의 사실로 이야기해줘서 고맙습니다. 저는 김대리의 강점에만 집중했습니다."
리더가 직원의 의견을 경청하고, 그들의 관점을 중요하게 여기며, 그들이 제기한 문제에 대해 인정하는 것을 나타낸다.

2. 부서 이동의 이유와 기대감 설명

"저는 리더로서 조직의 성장과 직원의 성장 둘 다 너무 중요합니다.
김대리가 마케팅 부서로 이동했을 때 지금 우리에게 꼭 필요한 성과를
낼 수 있는 사람이라고 생각했습니다."
리더가 부서 이동 결정을 내린 전략적 이유와 그것이 직원과 조직에 어떤 긍정적인 영향을 미칠 수 있는지를 설명한다.

3. 추가적인 고민과 대화 약속

"김대리의 이야기 듣고 보니 고민 되는 지점이 있네요. 이에 대해서는 서로 조금
더 고민하는 시간을 가진 후에 다시 이야기 나눠보면 어떨까요?"
리더가 직원의 의견을 진지하게 고려하고 있으며, 문제 해결을 위해 추가적인 고민과 대화를 이어가려는 의지를 보여준다.

Situation 17
부서 이동을 하는 직원에게 격려해주는 상황

직원이 부서 이동을 하는 것이 확정되었다면 이동하는 직원에게 힘을 불어넣어 주어야 한다. 이동하는 직원에 대한 신뢰를 표현하고,. 앞으로의 기대를 전해 주는 것이 요구된다.

1. 감사와 기대감 표현

"김대리가 현재 부서에서 지금까지 큰 도움과 성장을 해주어 고맙습니다.
경영자로서 김대리의 강점이 이동할 부서에 큰 도움이 되고,
또한 힘이 될거라 생각합니다."
직원이 이전 부서에서 보여준 노력과 성과를 인정하고 감사함을 표시한다. 또한 새로운 부서에서 직원의 강점이 어떻게 중요한 역할을 할 수 있는지를 강조하며, 그들의 성공에 대한 기대를 전한다.

2. 팀 내에서의 활약 격려

"마케팅 부서의 구성원들과 목표를 공유하고
김대리의 강점을 멋지게 펼쳐보면 좋겠어요."
직원이 새로운 팀과 잘 협력하고, 자신의 능력을 효과적으로 활용할 수 있도록 격려한다.

3. 변화에 대한 지원과 격려

"부서이동이 낯설고 쉽지 않은 결정일 수 있지만
그럼에도 부서이동을 수락하고 조직의 성장에 동참해 줘서 고마워요.
앞으로 기대하고, 또 응원할게요!"
부서 이동이 직원에게 어려운 변화일 수 있음을 이해하고, 그럼에도 불구하고 이를 수락한 것에 대해 감사를 표시한다. 또한, 리더가 그들의 새로운 역할에서 성공할 것이라고 믿고 지원하겠다는 약속을 나타낸다.

Situation 18
직원이 타 부서에 관심이 있다는 것을 알았을 때

직원이 다른 부서로 이동하는 것을 먼저 이야기하는 경우, 무작정 수락하기 보다는 개인과 조직이 함께 성장할 수 있는지 고민해 봐야 한다. 충분히 고민할 수 있도록 시간을 확보하고, 고민하는 동안 성과에 대한 계획을 세워보도록 직원에게 요구한다.

1. 열심과 관심 인정

"김대리가 이 부분에 열정이 있었군요. 제가 한번 고민해보겠습니다."
직원의 관심사와 열정을 인정하고, 그들의 커리어 발전을 위해 고민하겠다는 리더의 의지를 나타낸다.

2. 부서 이동 후의 기여 방안 논의

"부서를 옮긴다면 그곳에서 어떻게 공헌할 수 있을지 이야기해 주시겠어요?"
직원이 새로운 부서에서 어떤 역할을 할 수 있을지, 그리고 어떻게 기여할 수 있을지 구체적으로 생각해보도록 돕는다.

3. 계획 수립과 추후 논의 약속

"구체적으로 어떤 성과를 낼 지 계획을 해주세요.
이후에 이를 기반으로 다시 한번 깊게 이야기해봅시다."

직원에게 새로운 부서에서 달성하고자 하는 구체적인 목표와 계획을 세우도록 격려하며, 이를 기반으로 더 깊은 논의를 할 것을 약속한다.

4. 조직의 필요와 직원의 성장 고려

"저도 우리 조직 전체의 필요와 김대리의 성장 두 가지 모두를
생각하면서 고민해보겠습니다."
리더가 직원의 개인적인 성장뿐만 아니라, 조직의 전체적인 필요와 균형을 고려하여 최선의 결정을 내리려고 한다는 것을 보여준다.

Situation 19
승진식 때 경영자의 연설

  승진식은 고객가치를 제공하는 사람이 인정받을 수 있다는 것을 강조해 주는 자리이다. 승진의 명예와 함께 앞으로 더 큰 도전이 기다리고 있음을 안내해 주는 것이다. 또한, 승진에 도전한 것 그 자체를 격려해 주어야 한다.

  연설할 때는 많은 직원들 앞에서 말하는 것이기 때문에 잘 정리해서 그리고 적절한 템포로 말하는 게 좋다. 가장 먼저 축하, 회고, 감사로 시작하여 성장, 앞으로의 기대 순서로 이어가면 흐름이 매끄러울 것이다.

축하

"이번에 승진하신 모든 분들의 승진을 축하합니다."

지난 기간에 대한 회고

"우리의 2024년에는 많은 일들이 있었습니다. 그 상황 가운데서, 우리에게는 코로나19 팬데믹 이후의 회복, 디지털 전환 프로젝트의 성공적인 완료, 그리고 신제품 출시로 인한 시장 점유율 확대가 큰 성과였습니다. 특별히, 올해 상반기 동안 이룬 이러한 성과들은 우리 조직의 회복력과 혁신 능력을 입증하는 것이었으며, 이는 우리가 미래에 직면할 도전에 대한 자신감과 희망을 주었습니다."

감사

"쉽지 않은 상황이었음에도 불구하고 값진 성과들을 거둔 것에 감사드립니다. 우리 모든 구성원 덕분입니다."

성장

"성과와 더불어서 중요한 것은 여러분의 전인격적인 성장입니다. 직장은 인생의 학교입니다. 여러분이 성과를 달성하는 과정에서 어떤 지식, 패턴들을 내 것으로 만들게 되었는지 반드시 돌아보시기를 부탁드립니다. 달성률도 중여하지만 그 안에서 어떤 지식을 얻었는지는 더욱 중요합니다."

기대

"각 직급/직책별로 우리는 각각의 기대 수준을 가지고 있습니다. 기대를 넘어서, 어제의 나보다 더 나은 오늘의 내가 될 수 있도록 최선을 다해 주시고, 그 결과로 고객과 동료로부터 사랑받고, 칭찬받는 사람이 되도록 노력합시다. 저도 여러분이 그렇게 되도록 돕겠습니다."

> **마무리**
>
> "오늘 승진하신 분들에 대한 축하와 함께, 승진자들이 성장하고 성과를 낼 수 있게 이끌어주신 리더분들께도 감사와 박수를 드립니다. 모두 수고 많으셨습니다."

Situation 20

승진한 직원들을 격려할 때

개별적인 만남을 통해서 승진을 격려를 하는 상황에서 리더는 승진한 직급에 맞는 책임과 역할을 알려주어야 한다. 그리고 그 리더십이나 역량의 크기를 감당해낼 수 있다는 믿음을 표현해줘야 한다. 또한 이 순간 만큼은 아주 큰 축하를 전해야 한다.

1. 역할의 중요성 강조

> "리더는 구성원들의 성장을 책임지는 자리에요. 이제 구성원들을 성장시켜서, 성공을 경험하게 해준다는 마음으로 리더십을 발휘해주면 좋겠습니다."

이는 승진한 직원이 새로운 리더십 역할의 중요성을 인식하도록 돕는다.

2. 기대와 신뢰 표현

> "리더로서 새로운 역할을 맡게 된 것은 큰 책임이지만, 동시에 매우 보람찬 일이

죠. 저는 김대리가 리더로서의 역할을 충분히 잘 해낼거라 믿습니다."
이는 승진한 직원이 자신감을 갖고 새로운 책임을 수행할 수 있도록 격려한다.

3. 축하와 인정

"김대리의 승진을 진심으로 축하합니다. 앞으로의 여정에 대한 기대가 큽니다"
이는 직원의 성취와 노력을 인정하며, 승진이 그들의 헌신과 능력에 대한 보상임을 상기시킨다.

Situation 21
승진 탈락 소식을 전할 때

승진 탈락에 대한 실망의 마음을 공감하기 위해 직접 1:1로 만나 탈락이 결정된 사유를 이야기해주는 것이 좋다. 승진하지 못한 이유, 즉 아직은 아쉽고 부족한 부분에 대해서 이야기를 해줄 수 있다.

이와 함께 승진 탈락자의 생각을 충분히 들어주는 것도 필요하다. 그리고 대화의 끝에 위로의 말을 전하면 된다. 위로할 때는 지금까지의 충분한 수고와 노력을 인정해 주는 것이 필요하다. 탈락사유에 대해서는 되도록 솔직하고 간단하게 전달하고 직원의 역량을 칭찬하며 대화를 풀어가는 것이 좋다.

1. 동정과 이해의 표현

"이번에 승진 소식을 전하지 못해서 미안하고, 아쉽네요. 나도 이 소식을 전하는 게 마음이 참 무겁습니다. 그래서 직접 얼굴을 보면서 이야기해주고 싶었어요."
직원의 실망감을 인정하고, 리더 자신의 마음도 무겁다는 것을 표현함으로 리더가 직원의 감정을 이해하고 공감하고 있음을 보여준다.

2. 구체적인 피드백 제공

"다만 아쉬웠던 부분이 있다면 팀을 관리하는 경험이 아직은 충분하지 않았어요."
이는 직원이 어떤 부분에서 부족했는지를 명확히 이해하고, 향후 이를 개선하기 위한 방향을 설정할 수 있도록 돕는다.

3. 성장에 대한 인정과 격려

"그래도 저는 지난 한 해 동안 김대리가 빠르게 성장 했다고 생각해요. 이런 속도로 계속 성장해서 이번에 부족하다고 생각된 부분들을 보완하고, 그렇게 성장한 부분을 더 어필해서 다음 승진 심사 때는 한 단계 더 올라가 봅시다."
리더는 직원의 지난 성장을 인정하고, 앞으로도 계속 성장할 수 있을 것이라는 격려를 한다. 또한, 다음 승진 심사에 대한 긍정적인 기대감을 표현함으로써 직원이 희망을 갖고 노력을 계속할 수 있도록 돕는다.

Situation 22
연봉 재계약 대화를 시작할 때

연봉 재계약은 종종 어렵고 긴장된 상황이 될 수 있다. 리더로서 심리적 안전감을 제공하고 긍정적인 대화의 분위기를 조성하는 것이 중요하다. 이를 위해 몇 가지 핵심 메시지와 대화 방법을 제안한다.

1. 감사의 표현으로 시작

"올 한 해도 함께 해 주서서 고맙습니다. 윤혁씨의 노력 덕분에 회사는 많은 성장을 이룰 수 있었습니다. 윤혁씨가 우리 팀에 얼마나 중요한지 잊지 않겠습니다."
이런 메시지는 직원들이 가치 있고 중요하다는 느낌을 주며 이는 대화를 시작하기 전에 긍정적인 분위기를 조성하는 데 도움이 된다.

2. 구체적인 기여 인정

"지난 해 많은 기여를 했지만, 특히 김대리님의 프로젝트 관리 능력 덕분에 도움이 많이 되었습니다. 목표한 결과물과 일정관리가 잘되어 마음이 참 편했습니다. 팀을 효과적으로 이끌고 목표 달성에 큰 역할을 하셨어요. 고맙습니다."
이러한 인정은 직원들에게 자신의 노력이 인식되고 평가받고 있다는 확신을 주며 이는 직원이 자신의 가치를 인식하고 대화에 더 적극적으로 참여하도록 격려한다.

3. 개인적인 감사 표현

"저는 김과장님이 신규 프로젝트에서 성과를 내준 덕분에 감사한 한 해였습니다. 김과장님의 열정과 창의적인 아이디어가 없었다면, 우리는 이렇게 멋진 결과를 얻지 못했을 거에요."

개인적으로 감사를 표현하면, 직원은 자신이 팀에 중요한 구성원임을 느끼고, 이는 협상 과정에서 긍정적인 태도를 유지하는 데 도움이 된다.

Situation 23
연봉 인상을 알릴 때

연봉 인상을 통보하는 것은 직원들에게 매우 중요한 소식이다. 이때 리더의 역할은 직원들에게 긍정적이고 명확한 메시지를 전달하는 것이다. 아래는 연봉 인상을 알릴 때 사용할 수 있는 예시문이다.

1. 전체 팀의 노력 인정

"올해 모든 팀원들의 노력과 회사의 성장 덕분에 우리는 연봉 인상 여력이 생겼습니다. 여러분의 헌신과 노력이 회사의 발전에 크게 기여했습니다."

이러한 메시지는 회사 성장과 연봉 인상이 팀 전체의 노력 덕분임을 강조한다. 이는 팀 전체가 가치 있고 중요하다는 느낌을 준다.

2. 개별 직원의 기여와 성장 강조

"성장과 기여에 대한 부분을 고려하여, 김대리님의 연봉은 다음과 같이 조정되었습니다. 김대리님은 지난 한 해 동안 많은 기여를 해 주셨고, 팀의 성장에 중요한 역할을 하셨어요."
이 메시지는 김대리의 개인적인 기여와 성장을 인정하고, 연봉 인상이 이러한 기여를 반영하고 있음을 명확히 한다.

3. 감사의 마음 전달하기

"한 해 동안 많이 기여하며 함께 성장해 주셔서 진심으로 고맙습니다. 김대리님을 포함한 모든 팀원들의 노력이 우리 회사를 더욱 발전시키고 있습니다."
이 말은 직원들이 자신의 노력이 인정받고 있다고 느끼게 해준다. 이는 직원들이 자신의 가치를 인식하고 회사에 대한 충성도를 높이는 데 도움이 된다.

Situation 24
연봉 동결을 알릴 때

연봉 동결과 같은 어려운 소식을 전할 때는 매우 신중한 접근이 필요하다. 경제적 어려움이나 회사의 재정적 제약으로 인해 연봉 인상이 어려울 때, 리더는 직원들에게 이 소식을 전달해야 하는 어려운 위치에 놓이게 된다. 이러한 상황에서 리더의 역할은 직원들에게 명확하고 동시에 공감적인 메시지를 전달하는 것이 중요하다.

1. 시장 상황 설명

"시장의 급격한 위축 때문에 올해는 기본급 인상에 대한 여력이 거의 없습니다. 이는 우리 회사만의 문제가 아니라, 전반적인 경제 상황에 의한 것입니다."
이 메시지는 연봉 인상이 어려운 이유를 투명하게 설명하여, 직원들이 상황을 이해할 수 있도록 도와준다.

2. 개인적인 역량 성장에 대한 격려

"우선, 올해 회사의 재정 상황으로 인해 연봉이 동결되었음을 알려드려야 합니다. 이러한 결정을 내리게 된 것은 쉽지 않았고, 여러분 모두에게 어려운 소식임을 잘 알고 있습니다."

"하지만, 이런 상황에서도 여러분 각자의 개인적인 성장과 발전은 여전히 우리 회사에 매우 중요합니다. 이는 재정적 보상 외에도 많은 가치를 가집니다. 예를 들어, 김대리님의 경우, 최근 프로젝트 관리 역량에서 보여준 발전은 매우 인상적이었습니다."

"회사는 여러분이 지속적으로 성장하고 발전할 수 있도록 지원하는 데 최선을 다할 것입니다. 교육 프로그램, 멘토링, 그리고 다양한 프로젝트 참여 기회 등을 통해 여러분이 자신의 역량을 더욱 키워갈 수 있도록 도울 것입니다."

"또한, 우리는 모두 함께 이 어려운 시기를 극복하고, 회사가 다시 성장할 수 있도록 노력할 필요가 있습니다. 우리 모두가 함께 노력한다면, 더 나은 미래를 만들 수 있을 것입니다."

이러한 대화는 직원들에게 현재의 어려움을 인정하면서도, 그들의 개인적인 성장과 발전이 여전히 중요하다는 메시지를 전달한다.

Situation 25

연봉 인상을 요구할 때

연봉 인상을 요구하는 직원과의 대화는 매우 중요하다. 리더는 직원의 요구를 잘 듣고, 적절히 반응하여 직원이 심리적 안전감을 느끼도록 해야 한다. 아래는 이런 상황에서 사용할 수 있는 대화 예시이다.

1. 인상 요구의 이유 파악

"어떤 점에서 연봉 인상이 더 되어야 하는지 간략하게 이야기해 주시겠습니까? 여러분의 기여와 업무 성과에 대한 이해를 돕기 위해 몇 가지 구체적인 사례를 들어 주시면 좋겠습니다."
이 대화는 직원에게 그들의 업무 성과와 기여를 구체적으로 설명할 기회를 제공한다. 이는 직원이 자신의 가치를 인식하고 회사에 전달할 수 있도록 돕는다.

2. 구체적인 근거 요청

"말씀하신 것들을 메일로 이번 주내 정리해서 주시면 고민하고 회신 드리겠습니다. 근거가 될 만한 자료들이 있으면 첨부해 주세요. 이는 우리가 보다 명확한 결정을 내리는 데 도움이 됩니다."

이러한 요청은 직원이 자신의 요구를 뒷받침할 수 있는 객관적인 자료를 제공하도록 장려한다. 이는 더 효과적이고 공정한 의사결정 과정을 보장한다.

3. 신중한 검토 약속

"김대리의 생각을 공유해줘서 고마워요. 리더들과 한 번 더 의논해보고 답변 드리겠습니다. 여러분의 요구와 회사의 현재 상황을 종합적으로 고려해야 하기 때문에 신중한 검토가 필요합니다."

이 대화는 연봉 인상이 힘든 경우에도 직원의 요구를 신중하게 검토하겠다는 의지를 보여준다. 이는 직원이 자신의 의견이 존중받고 있다고 느끼게 해준다.

Situation 26
연봉 이의제기에 반려할 때

직원의 연봉 이의제기에 대응할 때, 리더는 심리적 안전감을 주면서도 회사의 입장을 명확하게 전달해야 한다. 이를 위해 리더는 다음과 같은 대화를 이끌어갈 수 있다.

1. 결정의 신중함 강조

"많이 아쉽겠지만 충분히 숙고하고 내린 결정이기 때문에 추가적인 인상은 어려울 것 같습니다. 우리는 모든 직원의 요구와 회사의 현재 상황을 신중하게 고려해야 합니다."

이러한 메시지는 결정이 신중하게 이루어졌음을 강조하며, 직원이 결정 과정에 대한 이해를 높이도록 도와준다.

2. 회사 상황과 제약 설명

"김대리님의 상황에 대해서 충분히 고려하였습니다만, 올해는 지난해 이익 감소 폭이 상당하고, 대외적인 리스크가 아직 상당히 잔존하여 인상이 어렵다는 최종 결론을 내렸습니다."

이 대화는 회사의 재정적 제약과 대외적 리스크를 설명함으로써 결정의 배경을 투명하게 밝힌다.

3. 공정한 평가의 중요성 강조

"애써주신 것은 고맙지만, 이 이상의 연봉을 올라갈 만큼의 성과로 평가되진 않았어요. 우리는 모든 직원에게 공정한 평가를 제공하기 위해 최선을 다하고 있습니다."

이 말은 연봉 결정 과정이 공정하게 이루어졌음을 강조하며, 직원이 상황을 이해하고 받아들일 수 있도록 도와준다.

Situation 27

업무 태도가 불량할 때

    리더로서 부적절한 업무 태도를 교정하는 것은 민감하면서도 중요한 일이다. 문제 행동의 경중에 따라 엄하게 경고하고, 반복 시 조치가 될 것임을 알려주어야 한다. 기업에 핵심가치와 반대되는 경우 연결해서 피드백해야 한다. 리더가 상황을 파악했을 때 타이밍을 놓치지 않고 빠른 시일 안에 비공개적인 피드백을 주는 것을 추천한다.

> **상황 :** 말없이 일주일에 3번이나 지각한 직원

"김대리, 잠시 이야기 좀 할 수 있을까요? 이번 주에 3번이나 지각했더라고요. 이런 상황이 발생했을 때, 저는 우리 팀의 업무 효율성과 서로간의 책임감에 대해 걱정하게 됩니다."

"우리 팀에서는 서로의 시간을 존중하고, 업무에 대한 책임감을 가지는 것이 중요합니다. 그래서 출근 시간을 잘 지키는 것이 중요해요."

"혹시 제가 알아야 할 개인적인 상황이 있나요? 또는 출근 시간을 지키기 어려운 특별한 이유가 있나요? 있다면 알려주면 좋겠어요."

"지각이 반복되면 팀 전체의 시간 관리와 '존중'이라는 핵심가치에 영향을 미칠 수 있어요. 만약 이런 상황이 계속된다면 추가적인 조치를 고려해야 할 수도 있습니다. 제가 오해하고 있는 부분은 없는지 김대리의 생각과 의견을 듣고 싶어요. 어떻게 생각하나요?"

업무 태도가 불량할 때 활용할 수 있는 강력한 방법은 비폭력대화모델이다. 비폭력대화(NVC) 모델은 갈등 상황에서 효과적인 의사소통을 위한 강력한 도구이다. 이 모델은 [관찰, 느낌, 욕구, 부탁]의 네 단계로 구성되며, 상대방을 존중하면서도 자신의 필요와 기대를 명확히 전달하는 데 도움을 준다.

Situation 28
사내 연애 이슈로 주위 직원들을 불편하게 만드는 경우

만약 다른 직원들로부터 불편에 대한 고충이 접수되거나, 사회적으로 문제가 될 만한 이성 간의 이슈가 있다면 불편하더라도 문제를 서둘러 해결하는 것이 좋다. 이때 피해를 볼 수 있는 사람이 있다면 해당 직원을 조퇴나 재택근무 등 피해 예방을 위해 보호조치를 먼저 하고, 그 다음 문제의 직원과 대화를 나누어야 한다. 문제 직원과 대화를 나눌 때는 객관적인 사실을 확인하는 것과 명확한 의사 전달이 중요하다.

1. 문제 인식시키기

"여러 동료들로부터 우려를 듣게 되어 미팅을 요청하게 되었습니다. 저는 우리 회사가 업무에 집중하는 분위기였으면 좋겠는데, 사적인 감정 때문에 업무 집중환경이 자꾸 흐려지는 것 같아 걱정이 됩니다. 사적인 감정과 업무환경을 잘 구분해 주었으면 합니다."
직원에게 회사 내에서의 전문적인 환경을 유지하는 것이 중요하다는 것을 상기시키고, 사적인 감정이 업무 환경에 영향을 미치지 않도록 요청한다.

2. 구체적인 행동에 대한 지적과 지침 제시하기

"김대리가 다수의 여직원에게 고백을 했다는 사실을 제가 들었는데 사실입니까? 감정은 어쩔 수 없는 영역인 것을 알지만, 상황을 볼 때 여러 명에게 고백을 하는 행동은 잘못된 행동입니다."

구체적인 문제 행동을 지적하고, 직장 내에서의 적절한 행동에 대한 기대를 명확히 한다.

3. 회사 정책 및 공동체의 책임 강조하기

"회사는 공동의 목표를 달성하기 위한 조직입니다. 개인의 사생활 문제더라도 다른 직원들에게 불편을 초래하는 상황이 발생한다면 공동체의 책임자로서 엄중한 조치를 취하겠습니다."

회사의 목표와 직장 내 전문적인 환경 유지의 중요성을 강조하며, 필요한 경우 조치를 취할 준비가 되어 있음을 확실히 한다.

Situation 29
사내 성희롱 발생 이슈

이성간 성희롱에 해당할 수 있는 상황을 경영자가 직접 목격하게 될 수 있다. 이런 상황이 발생한다면 직원들을 보호할 책임과 의무가 있는 경영자는 그것을 즉각 바로잡아야 한다. 잘못된 언행을 직원들 앞에서 바로 지적하지 않으면 상사가 혐오성 발언에 동의한다는 암묵적 신호를 주게 되므로 업무환경이 상당히 불편해질 수 있다. 따라서 발언을 들은 즉시 단호하게 대응해야 한다.

1. 즉각적인 개입과 부적절한 행동 지적

"잠깐만요! 방금 그 언행은 부적절합니다. 그런 의도는 없었겠지만 충분한 오해의 소지가 있습니다. 이건 분명하게 서로 조심합시다. 장난으로라도 하지 않았으면 좋겠습니다."

문제가 되는 행동을 즉각 중단시키고, 그 행동이 부적절하며 오해를 일으킬 수 있다는 것을 분명히 한다. 또한, 모든 직원이 서로 존중하고 조심할 것을 요구한다.

2. 명확한 경고와 기대치 설정

"방금 그 발언은 용납하기 어렵습니다. 주의해주세요. 저는 우리가 올바른 커뮤니케이션 문화를 지켜갔으면 좋겠습니다."

문제 발언에 대해 강한 경고를 내리고, 회사 내에서의 올바른 커뮤니케이션 문화의 중요성을 강조한다.

Situation 30
직원이 타인에게 불쾌감을 주는 상황

직원의 복장, 음식 냄새나 땀냄새, 과도한 향수 냄새 등 의도하지 않게 다른 직원을 불편하게 만드는 경우도 있을 수 있다. 이러한 경우 섬세하게 문제를 제기하고, 직원들의 기분이 상하지 않으면서 행동이 개선되도록 조심스럽게 이야기를 해야 한다.

1. 복장에 대한 건설적인 피드백 제공

"항상 김대리가 멋지게 옷을 입고 다녀서 좋긴 하지만, 어느 때는 회사에 어울리지 않게 노출이 심한 옷을 입기도해서요. TPO라는 개념을 알고 있지요? 고객과 직원, 동료들에게 피해가 가지 않는 복장이어야 합니다. TPO를 지키는 것은 비즈니스 에티켓입니다."
직원의 복장이 비즈니스 환경에 적합해야 한다는 점을 부드럽게 상기시키고, 비즈니스 에티켓에 대해 안내한다.

2. 개인 위생 문제에 대해 조심스럽게 지적

"조심스럽긴 하지만 꼭 이야기해줘야 할 것이 있습니다. 한정된 공간에 여러 사람이 모여 있기 때문에 기침은 다른 사람에게 영향을 줍니다. 사무실에서 기침을 할 때 가리지 않고 큰소리로 할 때가 있더라고요. 개인 위생관점에서 최대한 다른 동료들이 불편해 하지 않도록 소매로 가리고 기침을 해주면 좋겠습니다."
개인 위생이 직장 내 다른 사람들에게 미치는 영향에 대해 조심스럽게 지적하고, 개선을 요청한다.

Situation 31
직원의 욕설, 뒷담화, 불평 등의 이슈

직원이 업무 공간 내에서 욕설을 하거나 다른 직원에 대한 좋지 않은 말을 입에 담는 경우가 있을 수 있다. 욕설의 경우는 즉각적인 교정이 필요한 사안이다. 직접 들었다면 잘못된 언행을 즉각 바로잡아야 한다. 간접적으로 전해 들었더라도 공개적으로 욕설을 했다면 개인적으로 만나 교정을 해주어야 한다.

뒷담화는 직접 듣기는 어렵고 간접적으로 알게 될 가능성이 높다. 이 경우에도 개별적으로 만나서 협업을 저해하는 행동에 대한 우려를 전하면서, 근본적인 원인을 찾기 위한 질문들을 통해 상황을 더 깊이 파악하는 것이 중요하다.

1. 부적절한 행동 지적 및 주의 요청

"사무실에서 욕설을 하거나 다른 사람들에게 불편함을 주는 언행을 하는 것은 어느 공동체에서든 위험한 행동입니다. 김대리의 욕설은 다른 사람에게 좋지 않은 영향을 줄 수 있습니다. 반복되지 않게 주의해 주시기 바랍니다."

직원의 부적절한 행동을 명확하게 지적하고, 그러한 행동이 다른 사람들에게 어떤 영향을 줄 수 있는지 설명하며 이러한 행동을 반복하지 않도록 요청한다.

2. 문제 지속 시 가능한 조치 언급

"문제 행동이 개선되지 않거나, 피해가 반복적으로 발생하면 회사에서 징계 등의 조치를 하게 될 수도 있습니다. 저는 이런 일이 벌어지지 않기를 진심으로 바라고 모두와 즐겁게 일하고 싶습니다."

문제가 지속될 경우 회사 차원에서 조치를 취할 수 있음을 경고하며, 조직 내에서의 긍정적인 분위기를 유지하고자 하는 리더의 바람을 표현한다.

3. 부정적인 평가와 대화에 대한 경고

"다른 사람들에 대한 부정적인 평가를 사람들과 공유하는 것은 전혀 유익이 없습니다. 안타깝게도 그런 이야기를 나눈 것이 저에게까지 전해지고 있습니다. 부정적이든 긍정적이든 그 대화 내용이 뜻하지 않게 당사자에게 전해질 수 있습니다. 뒤에서 나눈 대화로 동료가 불편함을 느끼지 않도록 언행에 더 각별히 주의해 주기를 바랍니다."

부정적인 평가와 뒷담화가 조직 내에 미치는 부정적인 영향을 지적하고, 모든 대화에서 주의를 기울일 것을 요구한다.

Situation 32

사내정치(편가르기)를 조장하는 직원

회사 안에서 편가르기가 보인다면 매우 위험한 상황이다. 일부 직원들이 단체로 이탈하게 될 수 있기 때문이다. 이때는 상황을 정확하게 파악하는 것이 중요하고, 상황이 악화되지 않도록 적절히 개입하는 것이 필요하다. 직원들을 조직의 목표와 비전에 더 연결하도록 노력해야 하고, 개별적인 관계 형성을 위해 노력해야 한다.

1. 조직의 목표와 가치 강조

"저는 우리가 목표가 아닌 관계에만 의존되는 것을 원하지 않습니다. 이 부분은 우리가 반드시 조심해야 하는 부분입니다. 목표에 집중했으면 좋겠습니다."
조직의 목표와 단합이 중요하다는 것을 강조하고, 개인적인 관계나 편가르기보다는 이러한 목표에 집중할 것을 요구한다.

2. 협력과 단결의 중요성 강조

"편을 나누고 다투는 불편한 일에 에너지를 쏟기 보다는, 함께 협력해서 성과를 내는데 집중해주세요. 나는 우리 회사가 하나였으면 좋겠는데, 그렇게 편을 가르게 되면 누구에게나 좋지 않은 길입니다."
직원에게 팀 내에서의 협력과 단결이 얼마나 중요한지를 상기시키고, 부정적인 사내 정치 행위가 조직에 미치는 부정적인 영향을 지적한다.

Situation 33
개인의 문제로 인해 업무에 지장이 있는 경우

개인의 좋지 않은 문제가 너무 커지면 업무에 지장을 주게 될 수도 있다. 업무에 지장을 받고 성과가 크게 저해되는 경우라면 리더가 직접 개입해서 문제가 해소되거나, 해소되기 어렵다면 업무 지장을 최소화하기 위한 노력이 필요하다. 직원과의 개별적인 대화를 통해서 개인의 문제를 면밀히 파악하고, 어떻게 도울 수 있는지 대화를 나누는 것이 좋다.

1. 관심과 지원의 태도 표현

"요즘 표정이 너무 안 좋아 보이는데, 혹시 무슨 일 있습니까? 이 정도면 내가 리더로서 도움을 줘야 할 것 같아요. 걱정은 함께 나눕시다."
리더가 직원의 상태에 주의를 기울이고 있으며, 개인적인 문제에 대한 지원과 공감을 제공할 준비가 되어 있다는 것을 보여준다.

2. 도움 제공 및 업무 부담 완화 논의

"많이 힘들어 보입니다. 제가 김대리의 마음을 모두 헤아릴 수 없겠지만 혹시 지금 업무에 집중하기 어려운 상황이라면 제게 이야기해 주세요. 제가 도울 수 있는 부분은 돕겠습니다."
리더가 직원의 현재 상황을 걱정하고 있음을 드러내며, 그들의 업무 부담을 완화하기 위한 구체적인 지원을 제안한다.

Situation 34

명절 전후 직원들에게 할 말

명절 연휴가 시작되기 전 대체공휴일이 있는 경우는 명확하게 해당 공휴일의 휴무 여부를 알려주는 것이 중요하다. 근무일이 줄어드는 만큼 공휴일로 쉬게 되는 요일에 업무 차질이 생기지 않도록 한번 확인시켜 줘야 한다.

업무 흐름이 끊기는 것에 대한 걱정을 전하기 보다는 직원들을 가족처럼 아끼고 사랑하는 리더의 마음이 잘 전해지도록 따뜻한 인사를 전해주는 것이 바람직하다. 그리고 연휴를 마치고 복귀한 뒤에는 다시 기운 내서 업무에 몰입할 수 있도록 리더가 먼저 힘차게 직원들을 독려할 수 있다.

1. (연휴 전) 연휴 안내와 업무 관리 당부

"이번에 대체 공휴일이 있어서 21일부터 24일까지 우리도 4일 연휴를 맞이하게 되었습니다. 월요일, 화요일이 휴일이 되었으니까 다들 해당 요일에 하던 일들에 차질이 생기지 않도록 연휴 전에 일정을 잘 관리해 주세요."

연휴의 일정을 명확히 안내하며, 직원들에게 연휴 기간 중에 발생할 수 있는 업무 차질을 미리 방지하도록 당부한다.

2. (연휴 전) 휴식과 가족과의 시간 격려

"이번 명절이 우리 모두가 충분한 휴식과 함께 행복한 시간이 되었으면 좋겠어요. 고향 가는 길 안전하게 잘 다녀오시고, 우리나라 고유 명절의 의미를 되새기면서 가족들과 풍성하고 마음 따뜻한 명절 보내고 오기를 바랍니다."

직원들에게 휴식의 중요성을 강조하며, 명절을 가족과 함께 보내며 행복하고 의미 있는 시간을 갖기를 격려한다.

3. (연휴 후) 업무 재개에 대한 격려와 지원

"연휴로 며칠 못 보고 다시 만나니 더 반갑네요. 모두 잘 쉬시고, 안전하게 고향길 다녀와서 다행입니다. 쉬는 동안 업무가 다소 밀렸을 수 있는데, 혹시라도 연휴간 발생한 업무상의 문제가 있거나, 밀린 업무로 어려움이 있으면 바로 이야기 해주기 바랍니다. 자 그럼 오늘부터 다시 파이팅 합시다!"

연휴 후에는 직원들을 환영하며, 연휴 동안 발생한 업무상의 문제나 어려움에 대해 열린 대화를 제안한다. 이를 통해 직원들이 업무에 다시 집중할 수 있도록 격려하고 지원한다.

Situation 35
직원 가족의 투병, 이혼, 장례 등

오랜 기간 직원들과 함께 하다 보면 기쁜 일도 있지만 가족의 투병이나 사망 등 가슴 아픈 일을 접하는 경우도 있다. 리더는 모든 구성원들이 자신의 어려운 상황을 심리적 안전감 속에 리더에게 공유할 수 있는 문화를 만들어야 한다. 리더의 위로가 전해지도록 직원들에게 말을 전하면서, 어려움을 함께 나누고자 하는 모습을 보여주는 것이 좋다. 너무 과도하게 슬퍼하거나 위로하면 직원에게 부담이 될 수 있으니 조심해야 한다.

1. 위로와 지원의 제안

"이루 말할 수 없이 슬픈 상황이라 어떻게 위로를 전해야 할지 모르겠네요. 그래도 이 크나큰 어려움을 극복하도록 제가 최대한 돕고 싶습니다."
직원의 어려움을 인식하고, 그들이 상황을 극복하는 데 도움을 주고자 하는 리더의 의지를 표현한다.

2. 개인적인 건강과 마음 챙김 강조

"제가 모든 어려움을 다 헤아릴 수는 없지만, 어려운 가운데 자신의 마음과 몸도 잘 챙기시기를 바랍니다."
직원이 자신의 건강과 정신 상태를 잘 챙겨야 함을 강조하며, 리더로서 그들의 복지를 걱정하고 있음을 나타낸다.

3. 실질적인 도움과 지원 약속

"어려운 상황에 제가 작은 힘이라도 됐으면 좋겠습니다. 제가 도와줄 수 있는 부분이 있다면 언제든 말씀해주세요."
리더가 어떤 실질적인 방법으로든 직원을 지원할 준비가 되어 있음을 보여주고, 필요한 경우 언제든지 도움을 요청하라고 격려한다.

4. 가족과의 시간 중요성 강조 및 업무 부담 경감시켜주기

"김대리님과 가족들 가운데 큰 위로가 있기를 빕니다. 다른 고민들은 접어두고 가족들과 함께 장례 일정 잘 치르고 오십시오. 도움이 필요한 일은 바로 이야기해주세요."

직원에게 가족과 함께하는 시간의 중요성을 인정하고, 이 시기에 업무로 인한 추가적인 부담을 경감시켜주겠다는 약속을 한다.

Situation 36

직원의 결혼과 임신, 출산

함께 하는 직원들이 결혼을 하거나 임신을 하게 될 때, 기쁨을 충분히 나눌 수 있도록 다음과 같이 이야기할 수 있다.

1. 결혼에 대한 축하와 격려 전하기

"기쁜 소식 전해줘서 너무 감사합니다. 그리고 진심으로 축하합니다. 인생의 가장 커다란 변화의 시기인 만큼 잘 준비해서 멋진 결혼식이 되길 바랍니다."
결혼이라는 중요한 사건을 축하하고, 직원에게 긍정적인 변화를 겪게 될 것에 대한 격려를 표현한다.

2. 결혼식에 대한 기대와 축복 전하기

"뜻 깊은 날의 행복한 결혼 축하드립니다. 두 분의 앞날에 언제나 행복만 있기를 바랍니다."
결혼식을 축하하고, 직원과 배우자의 미래에 행복을 기원한다.

3. 임신에 대한 축하와 건강 관리 중요성 강조하기

"임신을 진심으로 축하드립니다. 출산까지 태아와 본인의 건강을 최우선으로 관리하세요. 임신 중 컨디션 관리가 쉽지 않으실 텐데 혹시라도 도움이 필요하시면 언제든지 말씀해 주시구요."
임신 소식을 축하하고, 건강 관리의 중요성을 강조하며, 필요한 경우 지원을 제공할 준비가 되어 있음을 나타낸다.

4. 출산에 대한 축하 전하기

"득남(득녀) 소식에 축하를 보냅니다. 건강하고 멋진(예쁜) 아이로 자라나길 바랍니다. 진심으로 축하합니다. 앞으로 기쁨과 사랑이 가득하시길 기원합니다."
출산의 기쁜 소식을 축하하고, 아이와 가족의 건강과 행복을 기원한다.

＊

특히 다양한 언어의 메시지가 있지만
그중 상대방을 이해하고, 공감하고, 포용하는
사랑의 언어가 필요하다.

사랑의 언어는 상대방과의
심리적 안전감을 만들어낸다.

04

우리 사회에서 보는
메시지의 품격

> 해가 안 보인다고
> 해가 없다고 생각하는 것만큼
> 어리석은 일도 없다.
> 삶의 햇빛이 비치는 곳으로 가자
> 그러면 우리의 삶도
> 조금씩 변화할 것이다.

> 소통 전문가 김창옥

영국의 소설가이자 극작가인 찰스 리드(Charles Reade)는 이렇게 말했다. 생각은 곧 말이 되고, 말은 행동이 되며, 행동은 습관으로 굳어지고, 습관은 성격이 되어 결국 운명이 된다. 생각을 거쳐 나온 언어에는 힘이 있다. 짧고 강력한 언어가 사람의 마음을 움직여 행동을 바꿀 수도, 운명을 바꿀 수도 있다.

심리학자 대니얼 골먼(Daniel Goleman)은 인간 간의 커뮤니케이션이 정서적 지능에 기반을 두고 있다고 주장한다 즉, 메시지의 전달은 정보의 교환에 그치지 않고, 상대방의 감정과 반응을 고려하는 과정이 포함되어야 한다는 것이다. 상대방의 감정과 반응을 고려한 메시지가 행동변화에 더욱 큰 효과를 가진다는 의미다. 이는 메시지가 상대방에 대한 존중과 이해를 기반으로 해야 함을 시사한다.

일상의 순간에서도 마음과 행동의 변화를 촉구하는 언어들을 마주하게 된다. 이 파트에서는 상대방에 대한 존중과 이해를 기반으로 전하는 메시지를 소개한다. 마음이 움직이면 행동이 변한다. 행동의 변화를 이끄는 언어의 힘을 살펴보자.

01

"당신의 한 표가 미래를 바꿉니다" 정부의 메시지

사람이 북적이는 명동거리를 떠올려보면 고객을 끌어 모으는 수많은 네온사인과 다양한 가게에 걸려있는 간판의 메시지들을 발견하게 된다. 오고 가는 수많은 메시지 중에 눈에 들어와 마음으로 새겨지는 메시지들이 있다. 이 메시지들은 결국 행동으로 연결된다. 사람의 행동을 이끄는 메시지들은 특징을 가지고 있다. 바로 메시지를 통해 사람들의 선택을 부드럽게 유도하는 것이다.

이것을 넛지라고 부른다. 넛지를 이해하면 일상생활에서 메시지의 힘을 높이는 전략을 알게 될 것이다. 넛지(Nudge)는 본디 '팔꿈치로 살짝 찌르다', '주의를 환기시키다'란 뜻이다. 미국의 행동경제학자인 리처드 탈러(Richard H. Thaler)와 법률가 캐스 R. 선스타인(Cass R. sunstein)은 저서 ≪넛지≫에서 '사람들의 선택을 유도하는 부드러운 개입'으로 넛지를 새롭게 정의하였다.

한국에서도 넛지의 힘을 연구한 팀이 있다. 바로 강준만 교수와 그의 학생들이다. ≪넛지 사용법≫을 쓴 강준만 교수는 그의 학생들과 함께 일상생활 속에서 넛지가 어떻게 활용되는 지를 연구하고 조사하였다. 이후 넛지를 의사소통의 한 방법으로서 제시했다. 사람과 사람 간의 의사소통을 효과적으로 이끌 수 있는 수단이 바로 넛지임을 이야기하는 것이다.

정부에서도 넛지 원리를 사용하여 공익을 위한 행동 변화를 유도하는 다양한 메시지를 전달하곤 한다. 건강한 생활 습관을 장려하기 위해 여러 나라의 정부들은 넛지를 사용한다. 예를 들면, 식품 포장에 영양 정보를 표시하여 소비자들이 건강에 좋은 식품을 선택하도록 유도하거나, 금연 캠페인에서 담배 포장에 경고 메시지를 넣어 흡연의 위험성을 상기시키는 것이다. 또한, 환경 보호를 위해 재활용을 장려하는 메시지나, 에너지 절약을 위한 메시지 등도 넛지의 한 예로 볼 수 있다.

"당신의 한 표가 미래를 바꿉니다"와 같은 선거 참여 촉진 메시지도 있다. 미셸 오바마(전 미국 영부인)는 "투표해야 합니다. 그것이 우리가 앞으로 나아가는 방법입니다"라고 말했고 존 루이스(미국 하원 의원, 시민권 운동가)는 "투표는 가장 강력한 비폭력적 도구입니다"라고 언급한 바가 있다.

이런 메시지들은 시민들에게 책임감과 참여의 중요성을 일깨워 주며 그들의 투표가 가지는 중요성과 영향력을 상기시켜 주는 메시지다. 이는 민주주의에 대한 참여를 장려한다. 이러한 메시지는 개인이 사회와 국가에 미치는 영향을 인식하게 하며, 적극적인 시민 참여를 독려하는 긍정적 메시지로 볼 수 있다.

이 외에도 교통 안전을 위한 메시지나, 선거 참여를 장려하는 메시지 등 다양한 분야에서 정부가 넛지의 원리를 활용하는 사례를 찾아볼 수 있다. 이러한 메시지들은 대부분 사람들이 긍정적인 방향으로 행동을 바꾸도록 유도하는 데 중점을 두고 있다.

호주 뉴사우스웨일스주의 병원은 환자들이 예약 시간에 맞춰 도착하도록 유도하기 위해 다양한 SMS 알림을 실험했다. 그 중 한 메시지는 "당신이 제 때 도착하면 병원은 환자가 나타나지 않을 때 손실하는 125달러를 잃지 않게 됩니다"라는 내용으로, 이 메시지는 불참율을 19% 감소시켰다고 한다. 위 메시지는 사람들의 행동을 긍정적인 방향으로 유도하기 위한 미묘한 심리적 자극이다. 이 사례에서 SMS 메시지는 병원 예약 불참 시 발생하는 금전적 비용을 강조함으로써 환자들의 행동을 변화시켰다. 이는 정부 및 기관이 행동 경제학적 접근을 사용하여 공공의 복지와 효율성을 증진시킬 수 있음을 보여준다. 이러한 접근 방식은 효율적인 비용으로 단순하면서도 강력한 변화를 이끌어낼 수 있는 사례로 볼 수 있다.

과테말라 정부는 납세자들에게 "64.5%의 시민들이 소득세를 시간 내에 신고했다"는 내용의 편지를 보내어 사회적 규범을 강조함으로써 세금 납부를 장려했다. 이러한 접근은 단 11주 만에 43%의 납세율 증가를 가져왔으며, 이 효과는 12개월 후에도 지속되었다고 한다. 이는 납세자들이 자신의 행동을 다수의 시민들과 일치시키도록 유도하는 전략으로, 사회적 규범에 기반한 행동 변화를 유도하는 방법이다. 이러한 접근은 공공 정책에서 행동 경제학적 통찰을 사용하여 준수율을 개선하는 효과적인 방법을 볼 수 있다.

또 다른 사례로는 공공 서비스 광고를 통한 다양한 사회적 메시지가 있다. "멈추지 않으면, 인권도 멈춥니다"와 같은 인권 증진 메시지나 "술 마시면 대리운전, 안 마시면 안전운전"과 같은 안전 운전 촉진 메시지는 시민들의 안전과 복지와 관련된 중요한 주제를 다룬다.

이외에도 많은 정부들이 혁신적인 방법으로 시민들과 소통하고 있다. 이러한 사례들은 정부가 어떻게 품격 있는 메시지를 통해 시민들의 삶에 긍정적인 영향을 미치고 사회적인 변화를 이끌 수 있는지를 보여준다. 각 메시지는 사회적 가치와 공익을 전달하며, 시민들에게 정보를 제공하고, 행동을 유도하는 중요한 수단으로 활용된다.

한 국가의 대통령이 국민에게 전했던 강력한 메시지를 소개한다. 그는 모든 이에게 정의, 평화, 일과 빵, 물과 소금을 안겨주기를 원했다. 화합과 용서의 정신으로 통합을 추진한 남아프리카 공화국 최초의 흑인 대통령 넬슨 만델라의 품격 있는 메시지다.

"이제 자유가 군림하게 합시다"

남아프리카공화국 최초의 흑인 대통령이자 '자유와 인권의 상징' 넬슨 만델라. 27년간이나 옥살이를 하고 나서 대통령의 자리에 오른 불굴의 투사 만델라는 전 세계의 축복을 받으며 취임연설을 한다. 백인에게는 용서를, 흑인에게는 정치적 자유를 선언하며 국가 화합을 당부한 그의 명연설은 아직까지도 많은 이들의 마음속에 새겨져 있다.

넬슨 만델라는 남아프리카 공화국에서 평등선거 실시 후 뽑힌 최초의 대통령이다. 아프리카 민족회의 지도자로 반아파르트헤이트 운동을 전개하다가 투옥되어 27년을 감옥에서 지냈다. 세계 인권운동의 상징이 되었으며, 대통령이 된 후 진실과 화해위원회를 설치하여 과거사를 청산하고 흑백갈등이 없는 국가를 세우기 위해 노력했다.

1994년 5월 10일 취임 연설을 통해 그가 전하고자 했던 사랑을 일부 발췌했다. 그의 사랑의 메시지를 느껴보기 바란다.

"우리는 자유를 위해 여러 방면에서 자신을 희생하고 목숨을 다한 이 나라와 세계의 모든 영웅들에게 오늘의 영광을 바칩니다. 그들의 꿈은 이루어졌습니다. 그 희생의 대가로 우리는 자유를 얻었습니다.
여러분, 남아프리카 공화국 국민 여러분이 저희에게 부여한 이 명예와 특권은 더 없는 영광이며 축복입니다. 여러분의 지지로 저는 인종 차별과 성차별이 없는, 민주적이고 단일한 남아프리카공화국의 첫 번째 대통령이 되어 이 나라를 어둠의 골짜기에서 끌어낼 임무를 맡게 되었습니다.

자유로 향하는 길이 평탄치 않으리라는 사실은 잘 알고 있습니다. 홀로 행동하는 사람은 결코 성공할 수 없다는 사실도 잘 알고 있습니다. 따라서 우리는 국가 화합을 위해, 국가 건설을 위해, 새로운 세계의 탄생을 위해 힘을 모아 함께 노력해야 합니다. 모든 이에게 정의를 안겨줍시다. 모든 이에게 평화를 안겨줍시다. 모든 이에게 일과 빵, 물과 소금을 안겨줍시다. 모든 이에게 알립시다.

개인의 몸과 마음과 영혼은 자유로우며, 이는 다만 그 자신의 자아실현을 위해 존재한다는 사실을 알립시다.

이 아름다운 땅이 또다시 누군가의 탄압으로 신음하거나 세계의 스컹크가 되는 모욕에 시달리는 일은 결코, 절대, 다시는 없어야 합니다. 이제 자유가 군림하게 합시다. 인류의 영광스러운 업적 위에 태양은 영원히 지지 않을 것입니다. 하느님의 은총이 아프리카와 함께 하기를 바랍니다. 감사합니다."

02

"오늘도 당신에게
일상의 행복을 배달 중입니다"
기업의 메시지

    기업은 브랜드 가치와 제품의 특성을 반영한 메시지를 주로 사용한다. 예를 들어, "당신의 아름다움을 빛나게 하는 것이 우리의 미션입니다"와 같은 메시지는 소비자에게 긍정적이고 자신감을 주는 느낌을 준다. 고객가치를 담은 진정성 있는 메시지에는 힘이 있다. 이는 고객들로 하여금 해당 기업의 브랜드의 가치를 높게 인식하게 만드는 효과가 있기 때문이다. 외부고객 뿐만 아니라 내부고객 즉, 내부구성원들에게 전달되는 경영자의 메시지는 구성원이 바라보는 방향성을 정렬하고 조직 내 핵심가치가 실현되는 길을 밝혀준다. 탁월한 기업은 세상에 많다. 허나 그것을 넘어 사랑받는 기업들을 소수에 꼽는다. 이 장에서는 탁월한 기업을 넘어 사랑받는 기업들은 어떤 메시지를 전달하는지 살펴보자.

"문 앞으로 배달되는 일상의 행복"
우아한형제들

    국내 배달 앱 1위로 압도적인 우위를 점하고 있는 배달의민족을 운영하는 우아한형제들이 제시한 비전이다. 배달의민족의 철학과 가치가 고스란히 담긴 메시지다. 배달의민족은 "오늘도 당신에게 일상의 행복을 배달 중입니다"라는 메시지를 던진다. 일상의 행복을 문 앞으로 배달하기 위해 음식뿐만 아니라 다양한 상품과 콘텐츠, 푸드테크 기술 등을 통해 고객들에게 단순한 주문 이상의 가치와 행복을 전달하는 플랫폼이 되고자 노력하고 있다.

2015년부터 '좋은 음식을 먹고 싶은 곳에서'라는 비전을 실현하기 위해 주력해 온 우아한형제들은 '문 앞으로 배달되는 일상의 행복'이라는 새로운 서비스 비전을 선언했다. 음식을 넘어서 당장 필요한 식재료와 생필품, 옷과 신발까지 문 앞으로 배달해 고객들을 더욱 편리하게 만들겠다는 의지가 담겼다.

"오늘도 당신에게 일상의 행복을 배달 중입니다"라는 메시지가 고객들에게 음식만을 떠올리는 것이 아닌, 배달의민족이 가진 신념과 믿음 좋은 서비스를 제공한다는 그 가치를 떠올리게 만든다. 일상의 행복을 문 앞으로 배달하기 위해 음식뿐만 아니라 다양한 상품과 콘텐츠, 푸드테크 기술 등을 통해 고객들에게 단순한 주문 이상의 가치와 행복을 전달하는 플랫폼이 되고자 노력하고 있다.

우아한형제들 사무실 벽 곳곳에는 '송파구에서 일을 더 잘하는 11가지 방법 - 몽촌토성역편'이라고 적힌 포스터가 걸려 있다. 이 포스터가 찍힌 사진은 사회관계망서비스(SNS)에도 공유돼 누리꾼들 사이에서 화제를 모은 바 있다.

'일을 더 잘하는 11가지 방법'을 직접 기획하고 작성한 김봉진 우아한형제들 대표는 "작고 사소한 규율을 지렛대 삼아 스스로 원칙과 규칙을 세워 일할 수 있는 자율적인 문화를 지향하고 있다"며 "자율성은 기본적인 룰을 지킬 때, 빛을 발한다"고 했다. 김 대표의 말 대로 '일을 더 잘하는 11가지 방법'에는 '9시 1분은 9시가 아니다'와 같이 사소한 규율을 중요시하는 내용도 있고, '잡담을 많이 나누는 것이 경쟁력이다', '휴가나 퇴근 시 눈치 주는 농담을 하지 않는다', '책임은 실행한 사람이 아닌 결정한 사람이 진다' 등과 같이 구성원들의 편의를 강조한 내용도 있다. 김 대표가 핵심가치를 기반으로 작성한 송파구에서 일을 더 잘하는 11가지 방법 중 3개 항목을 살펴보자.

"9시 1분은 9시가 아니다."
우아한형제들은 자율과 책임 문화를 수호하는 조직이다. 스스로의 원칙으로 자신을 통제하고 절제하면서 동료와의 약속을 지켜내려 노력한다.

"가족에게 부끄러운 일은 하지 않는다."
우아한형제들의 회의실 이름은 구성원들의 자녀 이름으로 정한다고 한다. 회사의 모든 결정을 내리는 순간마다 가족들에게 떳떳한 일만 하자는 가치와 철학이 담겨있다.

"이끌거나, 따르거나, 떠나거나!"
일의 성공을 위해 리더십도 중요하지만 팔로어십도 중요함을 강조한다. 스스로에게 건전한 비판과 토론이 아닌 냉소와 방관하는 모습이 보인다면 본인과 동료, 모두를 위해 회사를 떠나야 하는 때라고 이야기한다.

"사람은 책을 만들고 책은 사람을 만든다"
교보문고

광화문 교보문고 입구 표지석에 새겨진 '사람은 책을 만들고 책은 사람을 만든다'라는 글귀는 교보문고만의 변함없는 철학을 보여준다. 교보문고가 처음 탄생할 수 있었던 배경에는 故 대산 신용호 선생의 남다른 철학이 담겨있다. 처음 광화문 교보생명 사옥이 생겼을 때, 사람들은 당연히 서울 종로 한복판에 많은 임대료를 거둘 수 있는 상가가 입점할 것이라 예상했다. 그러나 창업주 신용호 회장은 그곳에 서점을 지을 것이라 이야기한다. 많은 임원들이 거세게 반대했지만 신용호 회장은 이렇게 말했다. "금싸라기보다 값진 땅에 책방을 크게 열어서 청소년과 시민이 자유롭게 이용하도록 한다면 그렇게 축적되는 효과가 얼마나 될지 상상해보자. 우리의 창업 이념을 구현하는데 이것 보다 더 좋은 기회는 없다."

그렇게 탄생한 교보문고는 연간 5,000만명이 방문하고 4,000만권의 도서가 판매되는 서점으로 성장했다. 개점과 동시에 대한민국의 명소가 되었고 최근 서울시에 의해 서울미래유산으로 지정돼 그 의미를 더했다.

이러한 교보문고에는 지금까지도 따르고 있는 특별한 운영지침 5개가 있다.

1. 모든 고객에게 친절하고 그 대상이 초등학생이라고 할지라도 반드시 존댓말을 쓸 것
2. 책을 한 곳에 오래 서서 읽는 것을 말리지 말고 그냥 둘 것
3. 책을 이것저것 보기만 하고 구매하지 않더라도 눈총을 주지 말 것
4. 책을 앉아서 보고 노트에 베끼더라도 제지하지 말고 그냥 둘 것
5. 책을 훔쳐 가더라도 절대로 도둑 취급하여 망신을 주지 말고 남의 눈에 띄지 않는 곳으로 가서 말로 타이를 것

기업의 존재목적과 맞닿아 있는 경영 이념과 철학은 고객들로 하여금 진정성과 신뢰를 느끼게 하는 힘이 있다. 어떠한 마케팅 카피 한 줄 보다도 사람의 마음을 울리고 따르게 하는 진실성이 가장 강력한 메시지다.

"Don't buy this jacket"
파타고니아

파타고니아라는 이름이 생소한 사람이라도 너무도 유명한 이 광고는 아마 들어봤을 것이다. 2011년 블랙프라이데이 때 뉴욕타임스에 전면으로 게재된 *'Don't buy this jacket'*은 파타고니아를 일약 스타덤에 올린 광고다. 옷을 파는 회사가 옷을 사지 말라니 이 얼마나 도발적인 카피인가? 그것도 미국 리테일 시장에서 가장 빅시즌이라는 블랙프라이데이에. 도대체 이게 무슨 소리였을까?

파타고니아는 이 세상을 우리 아이들이 좀 더 살만한 곳으로 남기고 싶은 기업이다. "자켓이나 어떤 것이든 사기 전에 깊게 생각하고 적게 소비하기를 바란다." 광고에 사용된 R2자켓은 이를 생산하기 위해서는 많은 자원이 소모된다. R2자켓을 생산하기 위해서는 물 135리터가 소비되며 이는 45명이 하루 3컵씩 마실 수 있는 양이다. 또한 원산지에서 창고까지 오는데 20파운드 가까이 되는 이산화탄소가 배출된다. 이는 완제품 무게의 24배나 해당한다. 창고로 오는 길에 이 자켓 무게의 2/3만큼 쓰레기가 버려진다. 보다시피 R2자켓은 친환경제품임에도 불구하고 많은 자원이 소모되고 있다.

파타고니아는 원료를 재활용하는 기업으로 유명하다. 실제 친환경적인 요소는 더 많다. 파타고니아는 모든 제품을 재활용하기 위해 자사의 제품을 오프라인 매장이나 우편으로 보내라고 권고한다. 고객들은 자신이 입던 파타고니아 제품이 소각되거나 땅에 매립되어 환경을 오염시키지 않고 재활용된다는 것에 자부심을 느낀다. 파타고니아는 폐제품에서 나오는 오리털을 재활용하고 겉면의 재질도 재활용하여 매우 훌륭한 옷을 만들어 낸다. 여기서 훌륭한 옷이란 튼튼한 옷을 의미한다.

이들의 철학은 패스트 패션의 반대이다. 즉, 튼튼해서 오래 가는 옷을 만들고 고객들이 그 옷을 아주 오랫동안 입도록 하자는 것이다. 비즈니스 제품 사이클의 일반적인 통념과는 다른 콘셉트이다. 패스트 패션은 빠른 구매 사이클을 자극하며 고객의 지갑을 여는 특징이 있다. 런데 파타고니아는 자신들의 제품을 사면 오래 입으라고 강조한다. 재구매를 통한 수익 창출 방법이 아니다.

파타고니아는 다음과 같은 광고를 한다.
'이 자켓은 아주 높은 기준으로 견고하게 만들어졌다. 그러니 이 자켓을 대체할 새 제품을 자주 살 필요가 없다. 우리는 자연을 위해 많은 일을 했다. 하지만 여전히 해야 할 일이 많다. 그러니 당신이 필요하지 않은 제품이라면 사지마라.'

이 파격적인 광고를 보며 누군가는 '위선적'이라고 했고 누군가는 '고도의 상술 혹은 마케팅'이라고 평가절하하기도 했다. 만약 파타고니아가 갑자기 Don't buy this jacket이라는 말을 꺼냈다면, 그렇게 평가할 수도 있다. 그러나 파타고니아가 걸어온 길을 조금만 살펴보면 그들의 진심을 단순히 상술이라고 폄하할 수는 없다.
파타고니아는 친환경주의를 그들의 원칙으로 삼고 있지만, 역설적이게도 미션에서 자신들의 비즈니스 활동의 부산물이 환경을 오염시키는 것을 잘 알고 있다고 인정한다. 그리고 이러한 역설적인 사실을 마케팅 및 영업 활동에서 활용하고 있다. 환경에 나쁜 영향을 주는 무분별한 소비주의에 반대하고 친환경주의를 강조하는 이 역설적인 마케팅은 파타고니아를 친환경 기업의 선구자로 인식하게 만들었고 더 많은 고객이 파타고니아 제품을 구매하도록 만들었다. 물론 파타고니아 제품은 70퍼센트 이상의 원료를 재활용하므로 일반 제품에 비해 환경 비용이 훨씬 낮다.

이 광고 이후 2년 동안 파타고니아의 매출은 40퍼센트나 증가했다. 자신의 제품을 포함한 모든 동종의 제품이 본질적인 문제점에서 자유롭지 못하다면서 극단적인 솔루션을 제시하지만, 소비자들이 제품을 구매할 수밖에 없는 현실에서 좀 더 환경 친화적인 자신의 제품으로 눈을 돌리게 만들었다. 공통의 문제를 공유하면서도 소비자들의 구매에 의존하여 수익을 창출하고 사업을 지속하는 기업이 자사 제품의 친환경적 특징을 차별화하여 강조한 영리한 전략이다.

사후 서비스 부문에서도 마찬가지로 사회적 가치가 반영되고 있다. 파타고니아는 북아메리카 지역에서 가장 큰 수선 시설을 갖추고 있고 별도로 수선 키트도 판매하고 있다. 시장에서는 통념적으로 더 많은 제품을 팔아야 더 많은 수익을 거두는 것으로 인식하지만, 파타고니아는 더 많은 옷을 사는 것은 환경에 이롭지 않다는 것을 주장하면서 자신들의 뜻에 동참하는 고객들을 끌어들여 고객을 확대하고 있다. 파타고니아의 이러한 노력에 공감하는 고객들은 강력한 커뮤니티를 형성하면서 높은 브랜드 충성도를 보이고 있다. 파타고니아가 마케팅이나 서비스 영역에서 보이는 이런 활동은 높은 사회적 가치를 반영하면서 가치사슬 내에서 경쟁우위를 가지는 차별화포인트로 작동하고 있다. 그리고 이런 활동들은 진정성을 갖고 있다. 파타고니아는 2016년 블랙프라이데이에 거둔 1,000만 달러의 수익 100퍼센트를 비영리단체에 기부하기도 했다. 그런 활동은 다른 브랜드들은 할 수도 없고 하지도 않는, 파타고니아만 할 수 있는 활동이다.

파타고니아는 다음과 같이 이야기한다. 그냥 우리 옷을 가졌으면 하는 고객이 아니라 정말로 우리 옷을 필요로 하는 고객을 원하는 것이다. 우리는 대기업이 되기를 바라지도 않는다. 가장 좋은 회사가 되었으면 하는 것이고, 아무래도 가장 좋은 대기업보다는 가장 좋은 작은 기업이 되기가 용이하다고 생각하는 것이다. 위대한 기업보다 사랑받는 기업으로, 파타고니아가 추구하는 방향이다. 파타고니아의 목적은 매출이 가장 큰 의류회사가 되거나 브랜드 가치가 가장 높은 회사가 되는 것이 아니다. 그들은 파타고니아가 가진 사명을 'We're in business to save our home planet'이라고 말한다. 이를 한국어로 번역하면 '우리는 우리의 터전, 지구를 되살리기 위해 사업을 합니다.' 이다. 최고의 제품을 만들되 불필요한 환경 피해를 유발하지 않으며, 환경 위기에 대한 공감대를 형성하고 해결방안을 실행하기 위해 사업을 이용한다. 이것이 파타고니아가 사업을 하는 이유이다.

사람이 절대 숨길 수 없는 두 가지는 기침과 사랑이라고 했다. 나는 장기적으로는 숨길 수 없는 한 가지가 더 존재한다고 생각하는데 그것은 진심이다. 내가 누군가를 좋아한다면, 아무리 아닌 척해도 결국엔 들통나고 만다. 마찬가지로 내가 무언가를 싫어한다면, 아무리 아닌 척해도 언젠가는 결국엔 드러나게 돼있다. 한두 번이야 속일지 몰라도 장기간 계속 속일 수는 없다. 기업활동도 마찬가지다. 진심이 아닌 그럴싸한 포장은 결코 오래 지속될 수 없다. 언젠가는 어떤 방식으로든 그것이 거짓임이 드러날 수밖에 없다. 누가 믿어주든 믿어주지 않든 본인의 진심을 분명히 지키고 그 진심을 향해 활을 쏘듯 끊임없이 활시위를 당기다 보면 자연스럽게 그 진심은 여러 가지 활동으로 발현된다. 그런 여러 가지 활동을 지켜보고 있노라면 진심은 굳이 의식하지 않아도 사람들이 느낄 수 있다. 브랜드, 혹은 브랜드 아이덴티티는 누군가에게 컨설팅받은 그럴싸한 수식어나 있어 보이는 디자인으로 완성될 수 없다. 오랜 시간 지속적으로 나의 진심을 지켜왔을 때에만 비로소 자연스럽게 만들어질 수 있다. 40여 년의 세월을 우직하게 진심으로 지켜온 파타고니아가 그랬던 것처럼. 그렇기에 파타고니아가 그 자켓을 사지 말라고 해도 소비자에게는 그 말이 그저 그런 말장난이나 상술로 보이지 않는다. 당시 주력 사업이던 피톤이 암벽을 손상한다는 것을 알고 과감히 생산과 사용을 포기할 때부터 끊임없이 보내온 파타고니아의 진심 때문이다.

질문을 던져본다.

우리 조직은 세상에 어떤 메시지를 던지고 있는가?
그 메시지에 걸맞은 삶을 살아내고 있는가?

03

"4,500명의 아이들이 매일 오염된 물로 목숨을 잃습니다." 비영리 단체의 메시지

　비영리 단체들은 종종 사회적, 환경적 문제에 대한 인식을 높이기 위해 메시지를 사용한다. "작은 기부가 큰 변화를 만듭니다"와 같은 메시지는 기부의 중요성을 강조하며 사람들의 참여를 유도한다.

　비영리단체는 사람을 변화시켜야 하는 책임이 있다. 그러므로 그들의 성과는 항상 사람의 변화에서 찾아야 한다. 그들의 행동에서, 그들의 환경에서, 그들의 비전에서, 그들의 건강에서, 그들의 희망에서 바람직한 변화가 있었는지를 우선 찾아야 한다. 비영리단체의 핵심은 사람이다. 후원자, 자원봉사자, 내담자, 클라이언트, 심지어 직원까지.

　직원을 소홀히 해서는 안 된다. 결국 역동적으로 단체를 움직이게 하는 에너지 자원은 공통의 비전을 겸비한 직원이 큰 비중을 차지하기 때문이다. 일렬로 줄을 세워 다들 따라오게 하던 방식에서 벗어나 이제는 다름을 존중하는 조직문화가 성장을 이끌어갈 것이다.

"전 세계 4,500명에 이르는 아이들이
매일 오염된 물 때문에 목숨을 잃고 있습니다."

위 메시지는 비영리단체 채리티: 워터(charity: water)가 전하는 메시지다. 4,500명의 숫자는 아이들을 가득 태운 비행기 11대가 추락해서 전원 사망하는 것과 같다고도 전한다. 그것도 매일같이. 에티오피아에서 태어난 사람은 다섯 번째 생일을 맞기도 전에 사망할 확률이 9%에 이른다고 한다. 10명중 1명은 생명을 잃는 수치다. 오염된 물과 불결한 위생상태가 질병의 절반을 유발한다는 말이 과장이 아니었다. 오염된 물은 오랜 세월 동안 전 세계 질병과 사망의 가장 큰 원인이었다. 오염된 물로 인한 사망자 수가 전쟁과 테러, 폭력으로 인한 사망자 수를 모두 합친 것보다 더 많았다. 대부분의 질병들이 물만 바꾸어도 대부분 예방할 수 있다. 마을에 우물이 하나 있으면 그곳의 여성들은 물을 뜨러 몇 시간씩 다니지 않아도 되니 경제활동을 할 수 있다. 아이들 역시 물을 길으러 안 다녀도 되니 학교에 다닐 수 있다. 모든 것이 선순환 되는 것이다. 하지만 우리 주위의 어느 누구도 그런 일엔 신경 쓰지 않는다. 문제를 제대로 아는 사람이 없기 때문이다.

스캇 해리슨은 서아프리카 봉사활동 중 그들을 직접 보고 느끼고 절망했다. 그래서 그가 자신이 제일 잘할 수 있는 홍보활동을 통해 자선단체의 새로운 모델을 만들게 되었다. 2006년 설립된 [채리티: 워터]는 개발도상국 주민들에게 깨끗하고 안전한 식수를 제공하는 비영리재단이다. 그동안 1,000만 명의 사람들이 깨끗한 물, 위생, 그리고 개선된 위생시설을 누릴 수 있도록 전 세계 100만 명이 넘는 후원자들을 통해 44,000개 이상의 프로젝트에 자금을 지원해 왔다. 후원금의 100%가 직접 현장으로 전달되는 철저하게 투명한 모델과 함께 [채리티: 워터]는 가장 필요로 하는 지역에서 지속가능한 수자원 프로젝트를 위한 기금을 모으고 있으며, 그 프로젝트를 수행하기 위해 현지 파트너들과 협업하고 있다. [채리티: 워터]는 혁신적인 기술 그리고 후원자와 그들의 영향력을 연결시켜 주는 강력한 스토리텔링을 활용해 모든 프로젝트를 입증하고 있다.

"후원금의 100%가 직접 현장으로 전달됩니다."

자선단체 [채리티: 워터]의 성공요인으로 꼽고 있는 '100% 기부 모델'의 경우, 대부분의 기부자들이 기부를 하면서도 본인의 기부금이 실제로 어려운 사람들을 돕는지 확신할 수 없다는 의문점에서 시작되었다. 이에 대한 가장 확실한 해답은 기부금과 조직 운영비의 분리였다. 그래서 운영비 지출에 기부금이 사용되는 것을 허락한 기부자들에게 운영비의 기부를 부탁했고, 이로 인해 일반 기부자들의 기부금은 전액, 신용카드 수수료까지 운영비 통장에서 충당하여 기부자들의 이름으로 현지에 도달할 수 있도록 하였다. 이러한 '100% 기부 모델'을 통해 [채리티: 워터는 '증명가능한 약속'을 실천할 수 있게 되었다.

또한 [채리티: 워터]의 브랜딩 방법 역시 철저히 스토리텔링을 통해 기부자들과의 공감을 최우선으로 삼는다. 자선단체가 TV 방송, 신문, 잡지에 광고를 한다는 것 역시 기부자들의 돈이 엉뚱한 곳에 쓰이는 것이기 때문에 최대한 좋은 콘텐츠를 만들어 SNS 등을 활용해 사진과 영상으로 가슴 따뜻한 스토리를 기부자들에게 전달하고 있다. 아직 [채리티: 워터]에겐 할 일이 많다. 많은 사람들이 힘을 합치면 삶의 가장 기본적인 필요도 아직 충족시키지 못하고 있는 지구상 6억 6,300만 명의 사람들에게 그 필요를 충족시켜 줄 수 있다고 믿고 있기 때문이다.

비영리단체 [채리티: 워터]가 많은 사람들을 설득해 행동을 이끌 수 있었던 비결은 무엇일까? 아리스토텔레스의 수사학에서 그 답을 찾을 수 있다. '수사'는 말하는 것을 뜻한다. 더 정확하게는 그냥 말하기보다 정교하게 말하기를 의미한다. 거기에 학문적인 의미를 보태면 수사학이 된다.

아리스토텔레스는 수사학을 '설득의 기술'이라고 정의했다. 고대 그리스나 현대나 설득은 중요한 기술인 듯하다. 연설, 법정, 공개토론 등 공식 석상에서는 물론이고, 사적으로 나누는 대화나 가벼운 토론에서도 설득의 중요성은 무시할 수 없다. 그런데 고대 그리스는 이 중요성이 더 강조되는 사회였다. 알다시피 직접 민주주의와 비슷한 통치체제가 실행되는 도시국가의 형태를 띠고 있었고, 자신의 의견을 관철시켜 많은 시민들의 지지를 얻기 위해서는 설득의 기술이 필요했다.

즉, 수사학은 대중 연설에서부터 비롯된 설득의 기술이라 볼 수 있다. 아리스토텔레스 수사학이 이전 소피스트들의 수사학과 구별되는 특질은 논증을 통한 증명을 뜻하는 '로고스(logos)'뿐만 아니라 청중의 감정을 뜻하는 '파토스(pathos)'와 청중과 연설가의 성격을 뜻하는 '에토스(ethos)'까지 강조했다는 점이다. 수사학에서는 논리뿐만 아니라 청중의 감정, 연설가와 청중의 본질까지 설명하고 있는 것이다. 채리티워터의 메시지가 청중들을 설득할 수 있었던 핵심은 바로 '에토스(ethos)', '파토스(pathos)', '로고스(logos)'에 있다.

한 마디로 믿을 만한 사람이 믿을 만한 메시지를 통해 수신자의 공감을 얻을 수 있어야 설득이 된다는 말이다.

　　　에토스(*Ethos*) : 에토스는 화자와 화자가 전하는 메시지의 신뢰성.
　　　　　　　　　즉, 화자의 인격과 신뢰감.
　　　파토스(*Pathos*) : 청중을 설득하기 위해 사용하는 감정적인 소구.
　　　　　　　　　즉, 정서적 호소와 공감.
　　　로고스(*Logos*) : 논리적이고 이성적으로 화자의 주장을 실증하는 소구 방법.
　　　　　　　　　즉, 논리적 뒷받침.

[채리티: 워터]가 어떻게 에토스, 파토스, 로고스를 통해 사람들의 마음을 움직이

고, 광범위한 지지와 참여를 이끌어내는지 알아보자. 이러한 접근 방식은 어떻게 비영리 단체가 성공적으로 사회적 변화를 촉진할 수 있는지를 보여준다. [채리티: 워터]가 사람들을 설득할 수 있었던 이유를 위 3가지 요소를 기반으로 설명한다.

[채리티: 워터]는 CEO인 스캇 해리슨의 삶을 통해 또 행보를 통해 그들의 신뢰성을 강조한다. 이것을 통해 에토스를 구축한다. 스캇 헤리슨은 오염된 물로 질병과 씨름하는 전 세계 6억 6,300만 명의 사람들에게 깨끗한 물을 보급하겠다는 사명을 실천하고 있다. 2006년 전부터 전 세계의 100만 명이 넘는 기부자들이 28개국 1,000만 명의 사람들을 위해 44,000건의 물 프로젝트 기금을 후원했다. 또한 그는 <포춘>의 40세 이하 경영인 40인, <포브스>의 전 세계 영향력 있는 30인으로 선정된 바 있으며, <패스트 컴퍼니>의 가장 창의적인 기업인 100인 중 10위에 오르기도 했다. 또한 그들의 행보를 보면 그들은 투명한 자금 관리, 구체적인 프로젝트 결과 공유, 그리고 지속적인 현장 업데이트를 통해 기부자들에게 자신들의 활동이 실제로 변화를 가져오고 있음을 증명한다. 이러한 투명성은 기부자들이 그들의 기부가 실질적인 영향을 미치고 있다는 확신을 갖게 한다. [채리티: 워터]는 CEO와 프로젝트의 신뢰성을 갖춰가며 에토스를 구축했다. 또한 로고스는 [채리티: 워터]가 사용하는 또 다른 중요한 요소이다. 그들은 수치, 연구 결과, 그리고 구체적인 사례를 통해 깨끗한 물이 건강, 교육, 경제 발전에 미치는 영향을 논리적으로 전달한다. 이러한 정보는 기부자들에게 그들의 기부가 어떻게 구체적인 변화를 가져오는지를 이해시키는 데 중요하기 때문이다. 그리고 [채리티: 워터]의 메시지는 강력한 파토스를 담고 있다. 그들은 영상, 사진, 그리고 개인적인 이야기를 통해 사람들이 물 부족으로 겪는 고통과 도전을 생생하게 전달한다. 이러한 감정적 호소는 기부자들이 그들이 지원하는 사람들과 깊은 감정적 연결을 느끼게 하고, 행동으로 옮길 동기를 부여한다.

[채리티: 워터]의 성공은 이 세 가지 요소의 조화로운 결합에서 비롯된다. 그들은

신뢰성을 바탕으로 논리적이고 감정적인 메시지를 전달함으로써 대중의 마음을 움직인다. 이러한 접근 방식은 기부자들이 단체의 미션에 깊이 공감하고 지속적으로 지지하도록 만든다.

[채리티: 워터]의 성공은 아리스토텔레스의 수사학 이론을 현대적 맥락에 맞게 적용한 뛰어난 사례이다. 메시지에 힘이 생기려면 에토스, 파토스, 로고스의 균형이 잡혀야 한다. 그리고 이 세 가지로 균형 잡힌 메시지는 사회적 변화를 이끄는 데 결정적인 역할을 할 수 있다.

스스로 질문해보기 바란다.

우리는 어떤 방식으로 인격의 신뢰성을 구축하고 있는가?
우리는 고객을 설득하기 위해 어떤 감정적, 정서적 호소와 공감을 전하고 있는가?
우리의 메시지를 논리적으로 뒷받침하는 근거는 무엇인가?

04

"야 너두 할 수 있어"
마케팅의 메시지

"우리 제품은 정말 좋은 원재료를 사용하는데 소비자들이 구별하지 못합니다."
"돈을 많이 써서 노출을 시켜도 구매전환이 이뤄지지 않습니다."
"같은 상품인데 경쟁사에서만 잘 팔립니다."

언더백 기업(100인이하 사업장) 현장의 생생한 고민들이다. 이 경우 상품언어에 주목해 볼 필요가 있다. 약간의 언어 수정으로 매출을 극대화할 수 있는 방법이 있다. 상품언어의 힘을 통해 소비자의 구매를 이끄는 것이다. 상품언어는 상품의 얼굴이다. 상품언어가 곧 마케팅의 핵심 수단이 될 수 있다고까지 말한다.

2014년 SSG가 탄생했고 브랜드 인지도가 매우 낮았다. 그러나 SSG는 광고와 온/오프라인 매체를 통해 '쓱'으로 브랜드를 표현하고 고객들에게 직관적인 브랜드를 연상시켰다. 그 결과 인지도는 90% 증가했고 매출은 30% 증가효과를 봤다. 'SSG' 라는 언어가 '쓱'이란 언어로 바뀌고 일어난 일이다.

2016년 영어교육 회사 시원스쿨은 연 매출 1,300억으로 업계를 주도했다. 2016년 '야나두'가 후발주자로 시작했지만, 연 매출 34억을 이뤄냈다고 한다. 야나두는 이 때 강력한 상품언어를 만들어 냈다. 바로, "야, 너두 영어 할 수 있어"
영화배우 조정석은 광고에서 "야, 너두 영어 할 수 있어"를 외쳤다. 이후, 탄생 1년 만에 업계를 위협했다. 이제는 야나두를 떠올리면 "야, 너두 할 수 있어" 라는 문구가 떠오른다. 이렇듯 기업은 메시지에 집중해야 한다. 인문학과 잡담에 관심을 가져야 하는 이유이기도 하다. 언어의 힘이 브랜드 전체의 이미지를 형성한다고 한다. 매력적인 언어 자체가 매출을 일으킬 수 있는 시대이기도 하다.

"우리가 어떤 민족입니까?" 유머스러운 질문으로 새로운 브랜드 각인을 만든 배달의 민족 메시지다. 방문자수와 앱 다운로드 수가 급증했고 브랜드와 최초상기도 1위를 기록했다. 우리 브랜드를 강력하게 표현할 수 있는 상품 언어를 만들어야 한다. 어렵지 않은 날 것의 언어로 고민하고 또 고민해야 한다. 강력한 문장 하나가 때로는 몇십억, 몇백억, 몇천억으로 우리 브랜드의 경쟁력을 높일 수 있음을 알아야 한다.

보일러 시장의 절대 강자가 있다. 바로 귀뚜라미 보일러다. 일관된 광고 메시지로 시장을 선도하는 귀뚜라미 보일러 사례를 보자.

귀뚜라미 보일러 광고에 조금만 관심은 가졌던 사람이라면 매번 광고에 등장하는 동그란 안경의 아저씨에 궁금증을 품었을 것이다. 그의 정체는 귀뚜라미 보일러 광고를 대행하는 기획사의 아트디렉터로 일하고 있는 오경수씨이다. 광고를 제작하고 있는 광고인으로 벌써 10년 넘게 광고에 등장하고 있다. 이 특이한 경력의 광고 모델은 매번 귀뚜라미 보일러 광고에 등장하며 여러 가지 역할을 맡으면서 특유의 코믹

한 이미지를 발산한다. 분명 이 귀뚜라미 아저씨의 모습을 상상하는 것만으로도 귀뚜라미 보일러 광고에는 그 독특한 재미가 숨어있다. 하지만 이경수씨 말고도 귀뚜라미 보일러 광고에는 변하지 않는 요소와 그 숨기진 재미가 하나가 더 있다.

'귀뚜라미 보일러, 4번 타는 보일러' 편도 어김없이 귀뚜라미는 보일러 가스비 걱정하지 말고 귀뚜라미 보일러로 바꾸라고 직접적인 이야기를 소비자에게 전달한다. 이렇듯 귀뚜라미 보일러는 지금까지 몇 년째 '가스비 걱정이 없는 보일러, 귀뚜라미 보일러'라는 일관된 광고 메시지를 하고 있다. 분명 매번 같은 메시지를 유머러스한 방식으로 광고를 만들기도 어려울 것이다. 아니 그보다 더 어려운 것은 같은 메시지를 통해 가스보일러 시장에서 십년도 넘게 절대 강자 자리를 지키고 있다는 점이다.

그러나 일관된 광고 메시지가 갖는 효력이 있다. 최근과 같은 기술 평준화 시대에서는 어떤 제품 카테고리라도 그 성능 차이가 크지 않아 제품 자체의 속성을 광고 메시지로 삼는 경우는 극히 드물다. 그런 측면에서 '가스비 걱정이 없는 귀뚜라미 보일러'라는 메시지는 얼핏 생각했을 때 매우 단순한 가스보일러의 핵심 속성을 그대로 광고 콘셉트로 삼은 것으로 보인다.

마케팅의 절대 고전, '마케팅 불변의 법칙'이라는 서적에 등장하는 몇 가지 법칙 중 '집중의 법칙'이라는 것이 있다. 소비자의 기억 속에 하나의 단어를 인식하게 한 후에 꾸준하게 그 단어만을 이야기하는 것이 가장 강력한 마케팅 무기라고 한다. 그리고 그 한 단어가 제품 속성과 긴밀하게 연결되면 연결될수록, 그리고 특별한 설명 없이도 소비자에게 이해가 가능할수록 그 효력은 강하다고 했다.

이러한 의미에서 '가스비 걱정이 없는 귀뚜라미 보일러'라는 일관된 광고 메시지가 갖는 효력은 실제로 엄청났다. 가스비라는 핵심 속성을 타 브랜드와 구별되는 귀뚜라미 보일러만의 장점으로 소비자에게 인식시켰다. 또 한편 소비자가 가스보일러 구매 시 중요하게 고려하는 요소는 쉽사리 바뀌지 않기에 이 강력한 한 단어를 소유한 것은 실로 어마어마한 경쟁력이다.

최근 한국능률협회컨설팅(KMAC)이 발표한 '2024년 한국산업의 브랜드파워'에서 귀뚜라미보일러가 가정용 보일러 부문 26년 1위에 선정됐다.

한국산업의 브랜드파워 조사를 실시한 1999년 이후 26년간 한 번도 빠짐없이 1위를 유지한 브랜드의 마케팅 법칙이 이제 느껴지는가?

가치소비가 활발해진 시대에서 상품의 가치를 높이는 활동이 매우 중요해졌다. 생수 하나를 팔더라도 "이 생수에는 스토리가 있는 생수입니다."라고 했을 때, 고객에게 다가오는 감도는 달라질 것이다.

상품과 서비스에도 가치를 기반으로 한 스토리가 필요하다. 때로는 그것이 기업의 정체성이 되기도 한다. 가치와 철학을 바탕으로 상품이 구성되고 사회공헌적 선한 가치로 고객들에게 전달되었을 때 상품과 서비스의 경쟁력이 상승할 것이다.

MJ소비자연구소에서 발간한 ≪보는 순간 사게 되는 1초 문구≫ 책을 보면 상품언어에 대한 중요성을 더욱 깊이 알 수 있다. 저자는 이야기한다. "상품은 고객들에게 친숙한 언어로 다가가야 합니다." 고객 중심에서 듣고 싶은 말 즉, 고객 중심 언어를 사용해야 한다는 것이다.

저자는 강연을 통해 다음과 이야기를 들려주었다.

"외식 프랜차이즈 대표님이 계셨습니다. '김치찌개 9천원' 하면 어떠십니까? 다소 비싸게 느껴집니다. 이럴 때 제일 쉬운 것은 가격을 낮추는 것입니다. 그런데 이게 답이 아닙니다. 싸다고 잘 팔리는 것도 아니고, 비싸다고 안 팔리는 것도 아닙니다. 2억짜리 벤츠도 팔아 봤는데, 생방송 중에 앙드레 김 선생님도 주문을 했습니다. 그래서 제가 김치찌개의 언어를 이렇게 바꿨습니다. '돼지김치전골 1인분 9천원', 팔리기 시작했습니다.

'팥죽 9천원' 어떻습니까?

여기서 문제는 시즌 저항력입니다. '강원도 팥옹심이 9천원'으로 이름을 바꿨습니다. 작년 여름에도 판매가 되었습니다. 시즌 저항력을 상품 언어만으로도, 제품의 기능을 바꾸지 않고도 극복할 수 있다는 것입니다.

'아메리카노 1,900원', 어떻습니까?

좋은 원두를 썼는데도, 결과는 처참했습니다. '투샷 아메리카노 1,900원'으로 이름을 바꿨습니다. 매출이 오르는 것을 눈으로 봤습니다."

상품 언어는 상품의 얼굴이다. 상품의 언어를 친숙하고 고객중심으로 바꿈으로써 경쟁력을 갖출 수 있음을 알게 된다.

우리나라에서 생수를 퍼올리는 수원지는 총 56곳이다. 하지만 생수브랜드는 200개가 넘는다. 같은 수원지에서 뽑아내는 생수가 있다는 말인데 경기 연천군 백학면에서 뽑아낸 바른샘물과 DMZ맑은샘물은 가격이 다르다. 같은 수원지라도 DMZ맑은샘물로 표현된 생수가 바른샘물 보다 64.3% 비싸다고 한다. DMZ 맑은샘물이라는 언어 자체가 순수한 땅에서 뽑아낸 물이라는 인식을 주어서 비싸게 팔 수 있는 모양이다. 물 맛이 다른 것일까? 아니다. 포장지의 상품언어의 차이이다. 다른 장소에서도 이와 같은 메시지를 만날 수 있다.

칼바람이 부는 추운 겨울이었다. 명동역 8번출구에서 친구를 기다리고 있었다. 출구 옆 장판대에서 50대 중후반으로 보이는 아저씨가 손난로를 팔고 계셨다. 그리고 그 앞에 사람들이 줄을 서서 손난로를 사고 있었다. 자연스레 줄을 선 사람들을 피해 판매대 앞 붙어있는 문구에 시선이 옮겨졌다.

"여자친구 추워! 춥게 놔둘거야!?"

옆에 여자친구가 있었다면 나도 자연스레 지갑이 열렸을 것만 같았다. "손난로 팝니다. 손난로 사세요." 내용에 유머가 더해지면서 "여자친구 추위"의 메시지로 탈바꿈했다. 아저씨의 상품 언어에 감탄했다. 고객에게 전달된 유머가 고객의 지갑을 열 수 있다고 생각한다. 매출을 일으키는 마케팅에서도 언어의 힘을 느낀다.

05

"아빠는 언제나 너를 사랑한단다."
부모의 메시지

　아이를 키우는 부모라면 누구나, 갓 태어난 아이를 처음 품에 안았을 때의 감동과 감사로 가득했던 순간을 기억하고 있다. 세상에서 가장 소중하고 경이로운 선물을 품에 안고, 잘 키워 나가려고 다짐했던 그 순수하고 사랑에 가득 찬 마음이야말로 모든 부모의 마음일 것이다. 부모의 메시지는 부모의 마음을 표현한다. 때로는 쑥스러워, 때로는 적당한 말을 찾지 못해 하지 못한 이야기들이 많다. 그러나 아이들이 무척 듣고 싶어하고, 자라면서 꼭 들어야 하는 이야기들이 있다는 사실을 알아야 한다.

　사람들은 바쁜 생활 속에서 처음 가졌던 그 마음을 더러 잊어버리곤 한다. 부모의 생활 때문에 아이에게 소홀해지는 수도 있고, 아이를 잘 키우려는 욕심이 앞서 아이에게 지나친 강요를 하기도 한다. 아이들도 힘들어하고 외로워할 때가 있다. 엄마 아빠가 자신을 사랑해 주고 관심을 가져준다는 확신을 갖고 싶어 일부러 말썽을 부리기도 한다.

부모로서 자녀에게 말하는 방식은 단순히 정보를 전달하는 것 이상의 의미를 지닌다. 부모의 말은 자녀의 자존감, 감정 조절, 그리고 세상을 바라보는 방식에 깊은 영향을 미치기 때문이다. 이러한 맥락에서, 부모의 메시지에 품격이 있을 필요가 있다. 부모와 아이 모두를 위해서다. 이 장을 통해 부모의 사랑을 전해주고, 또한 부모에게는 처음 아이가 태어났을 때 가졌던 부모로서의 첫 마음을 다시 한번 되새겨 보기를 바란다.

부모의 격려와 긍정 : 자녀의 성장을 위한 마법의 말들

자신감의 씨앗 1 : "엄마는 네가 무척이나 자랑스러워!"

"엄마는 시온이가 무척이나 자랑스러워!" 이 한 마디는 자녀인 시온이에게 세상 어떤 상으로도 대체할 수 없는 자신감을 심어준다. 부모의 격려와 긍정적인 메시지는 자녀의 성장과 발달에 있어 가장 강력한 도구 중 하나이다. 이러한 메시지는 자녀가 자신감을 갖고, 도전에 맞설 수 있는 힘을 키우도록 돕는다.

자신감의 씨앗 2 : "네가 할 수 있다고 믿어."

"네가 할 수 있다고 믿어." 이 간단한 문장은 자녀가 자신의 능력을 신뢰하도록 격려한다. 부모가 자녀에게 보내는 이러한 긍정의 메시지는 자녀가 새로운 도전을 두려워하지 않고, 실패를 겪었을 때도 다시 일어설 수 있는 자신감을 심어준다.

자신감의 씨앗 3 :
"네가 이룬 것에 대해 얼마나 자랑스럽게 생각하는지 몰라!"

"네가 이룬 것에 대해 얼마나 자랑스럽게 생각하는지 몰라!" 자녀의 성공을 인정하고 축하하는 부모의 말은 자녀가 더 큰 목표를 향해 나아가는 데 필요한 동기 부여를 제공한다. 이러한 인정은 자녀가 자신의 성취를 가치 있게 여기도록 만든다.

자신감의 씨앗 4 :
"이거 어떻게 한거야? 넌 정말 창의적이야."

"이거 어떻게 한거야? 넌 정말 창의적이야." 와 같은 말들은 자녀가 자신의 강점을 인식하고 발전시키도록 격려한다. 부모가 자녀의 긍정적인 특성을 인식하고 칭찬할 때, 자녀는 이러한 강점을 더욱 발전시키려는 의욕을 갖게 된다.

자신감의 씨앗 5 :
"아빠는 언제나 너를 사랑한단다."

"아빠는 언제나 너를 사랑한단다."와 같은 말은 자녀의 존재 자체를 사랑해주는 말로 아이의 존재론적인 안정감과 부모와의 애착유형을 강하게 형성하는데 중요한 역할을 한다.

부모의 격려와 긍정의 메시지는 자녀에게 깊은 영향을 미친다. 이러한 메시지는 자녀가 자신감을 갖고, 자신의 강점을 발견하며, 감정을 건강하게 표현할 수 있도록 돕기 때문이다. 부모의 긍정적인 말 한마디가 자녀의 성장과 발달에 큰 차이를 만들 수 있음을 기억하는 것이 중요하다.

부모의 존중과 이해:
부모와 자녀 사이의 다리

경청의 씨앗:
"그렇게 느낀 이유가 무엇인지 말해줄래?"

"그렇게 느낀 이유가 무엇인지 말해줄래?" 이 질문은 자녀가 자신의 생각과 감정을 깊이 있게 탐색하고 공유하도록 격려한다. 부모가 자녀의 말에 집중하고 진심으로 경청할 때, 자녀는 자신의 생각이 중요하다고 느끼고, 자신감을 갖게 된다.

공감의 씨앗:
"그 상황에서 네가 느낀 것을 이해해."

"그 상황에서 네가 느낀 것을 이해해." 이러한 말은 자녀의 감정을 유효하고 중요하게 여기는 태도를 보여준다. 이러한 이해와 공감은 자녀가 자신의 감정을 건강하게 표현하고 처리하는 데 도움을 준다.

존중의 씨앗:
"네가 어떤 결정을 내리고 싶은지 알고 싶어."

"네가 어떤 결정을 내리고 싶은지 알고 싶어." 이런 방식으로 대화를 나누면 자녀는 자신의 의사결정 과정에 대한 부모의 존중을 느낀다. 이는 자녀가 독립적인 사고력을 발전시키고, 자신의 결정에 대한 책임감을 갖는 데 중요하다.

소통의 씨앗:
"네가 생각하는 바를 더 듣고 싶어."

"네가 생각하는 바를 더 듣고 싶어." 이러한 개방적인 질문은 자녀가 자신의 생각과 아이디어를 자유롭게 공유하도록 장려한다. 이는 자녀의 창의성과 자기 표현 능력을 증진시키는 데 기여한다.

부모가 자녀의 의견을 존중하고 경청하는 태도를 보일 때, 자녀는 타인을 존중하는 법을 배운다. 예를 들어, "네 생각은 어떤지 궁금해" 또는 "그렇게 느낀 이유가 무엇인지 말해줄래?"와 같은 대화는 자녀가 자신의 의견을 표현하고 타인의 의견에 귀 기울이는 방법을 배우게 한다.

부모의 진실과 정직:
부모가 전하는 귀중한 교훈

정직의 씨앗:
"이 일에 대해 어떻게 생각해?"

"이 일에 대해 어떻게 생각해?" 이 말은 자녀가 실수를 했을 때, 부모가 정직하게 질문하고 자녀의 생각과 감정을 이해하는 것이 중요하다. 이는 자녀에게 복잡한 문제를 진지하게 고민하고, 솔직한 대화를 나누는 법을 가르친다.

인정의 씨앗:
"미안해, 엄마가 실수했어. 이렇게 해야 하는 건데…"

"미안해, 엄마가 실수했어. 이렇게 해야 하는 건데…" 부모가 자신의 실수를 인정하고 사과할 때, 자녀는 실수를 인정하고 그로부터 배우는 것이 중요하다는 교훈을 얻는다. 이는 자녀가 책임감 있는 행동을 배우는 데 도움이 된다.

격려의 씨앗 :
"네 작품 진짜 멋있다! 다만 여기 이 부분만 고쳐보면 더 나아질 수 있을 것 같아."

"네 작품 진짜 멋있다! 다만 여기 이 부분만 고쳐보면 더 나아질 수 있을 것 같아." 정직하지만 공감적인 피드백은 자녀가 자신의 능력을 현실적으로 평가하고 발전시키는 데 도움을 준다. 이와 같은 지지적 피드백은 자녀가 자기 자신에 대해 솔직하게 평가하는 법을 배우게 한다. 이를 통해 개선의지에 대한 힘을 기르게 된다.

진실의 씨앗 :
"세상은 항상 공평하지는 않아. 하지만 우리가 할 수 있는 것은…."

"세상은 항상 공평하지는 않아. 하지만 우리가 할 수 있는 것은…." 부모가 세상에 대한 현실적이고 정직한 시각을 제공할 때, 자녀는 세상을 더 현명하게 이해하고, 도전에 직면하는 법을 배운다.

존중의 씨앗 :
"네 말이 상대방에게 어떤 영향을 미칠지 생각해봐."

"네 말이 상대방에게 어떤 영향을 미칠지 생각해봐." 부모가 타인의 감정을 존중하는 정직한 소통의 중요성을 가르칠 때, 자녀는 타인을 배려하고 이해하는 방법을 배운다. 이는 사회적 관계에서 존중과 공감을 바탕으로 한 소통을 강화한다.

부모가 자녀에게 전하는 진실과 정직의 메시지는 자녀의 도덕적, 사회적 발달에 매우 중요하다. 부모의 정직한 태도는 자녀가 세상을 정직하게 대면하고, 책임감 있는 결정을 내리는 데 필수적인 기반을 마련해준다. 이러한 가치의 전달은 부모와 자녀 사이의 신뢰와 강한 유대감을 구축하는 데 중요한 역할을 한다.

부모의 자기통제와 감정 관리:
감정의 바다를 항해하는 나침반

조절의 씨앗:
"지금 엄마가 화가 났지만, 차분하게 우리 이야기해보자."

"지금 엄마가 화가 났지만, 차분하게 우리 이야기해보자." 이러한 태도는 부모가 감정에 끌려다니지 않고, 이성적으로 상황을 다루려는 모습을 보여준다. 자녀는 이를 통해 감정이 치솟을 때 어떻게 차분하게 대응할 수 있는지를 배운다.

존중의 씨앗:
"우리가 서로 다른 의견을 가지고 있을 때, 서로 존중하며 대화하는 것이 중요해."

"우리가 서로 다른 의견을 가지고 있을 때, 서로 존중하며 대화하는 것이 중요해." 부모가 갈등 상황에서 자기통제를 유지하며 상대방을 존중하는 태도를 보일 때, 자녀는 갈등 해결에 있어 중요한 사회적 기술을 배우게 한다.

정서의 씨앗:
"아빠도 지금 속상함을 느끼고 있어, 그런데 곧 괜찮아 질거야."

"아빠도 지금 속상함을 느끼고 있어, 그런데 곧 괜찮아 질거야." 부모가 자신의 감정을 인정하고, 그것을 건강한 방식으로 표현할 때, 자녀는 감정을 인식하고 표현하는 방법을 배운다. 이는 자녀의 정서적 지능 발달에 중요한 기여를 한다.

감정은 인간의 본성에 깊이 뿌리내린 요소이다. 그러나 감정을 어떻게 다루느냐는 개인의 성장과 관계 형성에 중요한 영향을 미친다. 특히 부모의 감정 관리 방식은 자녀에게 강력한 교훈을 제공한다. 부모가 화가 날 때 차분하게 대응하는 것, 스트레스 상황에서 평정심을 유지하는 것 등은 자녀가 감정을 조절하는 방법을 배우는 데 핵심적인 역할을 하기 때문이다. 부모의 메시지에는 자녀의 정서적, 사회적, 그리고 인지적 발달에 중요한 영향을 미치는 품격이 있어야 한다. 부모의 자기통제와 감정 관리는 자녀에게 감정을 조절하고 스트레스 상황을 효과적으로 다루는 방법을 알려준다.

이를 통해 자녀는 갈등을 건강하게 해결하는 방법을 배우게 된다. 부모가 자녀에게 전하는 긍정적이고 지혜로운 말 한마디는 자녀가 건강한 성인으로 성장하는 데 큰 도움이 된다.

06

"그런 생각하게 해서 미안해."
연인간의 메시지

'모국어'가 좋은 사람을 만나십시오.

대한민국의 소통강사로 유명한 김창옥 교수는 김창옥쇼에서 연인간의 언어능력을 강조했다. 강연에서는 언어능력을 모국어로 표현했는데, 이는 유년시절부터 형성된 원래의 자기 언어라고 이야기한다. 남녀가 서로 연애를 할 때는 사랑의 호르몬, 도파민이 분비되어 서로 이성적 매력을 강하게 느낀다. 이때는 의욕과 흥분도를 높이는 신경 전달물질인 도파민이 나와 그저 서로가 좋아 보인다고 한다. 그러나 결혼 후에는 호르몬이 예전 같지 않아서 남자가 변한 것 같아 보일 수 있다고 말한다.

김창옥 교수가 강조한 것은 바로, 연애 시 꼭 서로에게 확인해야 할 것이 모국어(원래의 자기 언어)라는 것이다. 사랑을 감정으로만 접근하지 말라고 조언한다. 사랑보다는 언어로 먼저 접근하고, 언어에 대한 결을 맞추는 것이 중요하다고 이야기한다. 우리가 외국 언어를 모르면 외국에서 삶을 살아가기가 어렵듯이, 결혼하기 전 꼭 확인해야 할 것이 서로의 모국어라는 것이다. 그러면서 "모국어가 좋은 사람에게 배팅하라"는 말을 강조한다.

이 모국어를 확인하려면 상대방의 부모님, 영향을 준 선생님, 스승, 상대방이 많이 본 책이나 영화, 음악 등을 확인하면 좋다고 한다. 도대체 무엇을 듣고 자랐는지, 이 사람의 언어 값이 무엇인지를 아는 것이 중요하다는 것이다.

연인 사이에서 서로의 말을 경청하고 공감하고 애정을 표현하는 언어의 시작이 나의 부모님, 선생님, 유년시절 언어에 영향을 준 사람들이라는 말이 공감이 된다면, 지금부터라도 나의 언어에 영향을 주는 사람들과 콘텐츠들을 관리할 필요가 있다. 주변에 모국어가 좋은 사람들과 어울릴 수도 있고, 좋은 책을 읽을 수도 있다. 특강이나, 영상을 통해서도 좋은 영향을 받을 수 있다. 핵심은 나의 언어를 관리하는 것이다. 언어는 마음의 그릇이라는 말도 있듯, 마음을 관리할 필요가 있다. 사랑은 감정의 측면도 있지만 상대방을 위한 절제와 인내의 측면도 크다. 상대방을 사랑하기 위해서 내가 다듬어야 할 마음은 무엇이 있을까? 모국어가 좋아지기 위해 내가 할 수 있는 방법은 무엇이 있을까? 사랑하는 사람이 있다면, 반드시 고민해보기를 바란다.

깊게 생각하면 쉽게 말한다.

드라마 '응답하라1994'에 나왔던 남자들은 다 틀린다는 유명한 문제가 있다. 드라마에 여자주인공이 있다. 이름은 성나정, 마산 출신의 컴퓨터공학과 94학번이다. 신촌 하숙집 딸내미이자 밝은 에너지의 소유자다.

나정이가 신촌 하숙 멤버들과 대학교 잔디밭에서 나눈 대화를 준비했다.

아래 질문을 듣고 함께 답을 해보자.

아래 질문은 실제 드라마에서 나온 나정이의 대사이다.

> 자, 내가 이사를 했어. 근데 집이 새 집이야. 문을 닫으면 페인트 냄새가 심해가 머리가 깨질 것 같은데, 그렇다고 문을 열면 매연이 들어와가 계속 기침이 난다. 이때 남자 친구가 들어왔어. 내가 물었지.
> "자기야, 오늘 이사를 했는데 문을 닫으면 페인트 냄새가 심해가 머리가 깨질 것 같고, 문을 열면 매연 때문에 죽을 것 같은데 어떡하지? 문을 여는 게 좋겠나, 닫는 게 좋겠나?" 이때 남자친구의 올바른 대답은?

위 질문에 남자 친구들의 답변은 다음과 같았다.

친구 A: … 그래도 차라리 매연이 낫지 않나?
친구 B: 아니지, 문 닫고 페인트가 낫지.
친구 A: 매연이 맞나 본디?
친구 B: 환장한다 환장해

이때 나정이가 정답을 이야기해준다.
"둘 다 아이다. 정답은, "괜찮니? 병원 가야 되는 거 아이가?""

드라마 중 연애 고민에 비롯된 나정이의 퀴즈 타임이었지만 이 상황을 통해 배울 점이 있다. 답을 제시하기 전 상대방의 대한 공감이 먼저라는 것이었다. 여자들은 공감을 바라는데, 남자들은 해결책을 내주기 때문에 많이들 틀린다는 문제였다.

특히 연인사이에서의 대화는 상대방의 문제를 해결해주는데 집중되는 경우가 많다. 당연히 사랑하기 때문에 문제를 해결해주고 싶은 마음이 클 것이다. 다만, 문제가 아닌 사람을 본다면 상대방이 진짜 원하는 것이 무엇인지, 상대방이 느끼고 있는 감정은 무엇인지 들여다볼 여백이 생긴다. 깊게 생각하면 쉽게 말할 수 있다.

또 다른 예문이 있다.

5년 연애를 한 30대 커플이 있다. 최근 들어 남자친구는 회사일이 바빠져 연락도 놓치고, 서로의 기념일도 놓치는 경우가 발생했다. 그리고 여자친구는 이런 남자친구의 상황과 시기를 이해하기에 서운함 감정이 들 때도 참으며 이해해 갔다. 그러던 중 남자친구가 여자친구의 생일날, 야근을 하며 아무런 연락도 없는 상황이 발생했고 서운함이 폭발한 여자친구가 남자친구에게 이렇게 이야기한다.

"오빠, 나야? 일이야?"

이 질문에 여러분은 어떤 대답을 할 것인가? 스스로 답해보기 바란다.

A : 당연히 너지!
B : 일이지, 너 치킨 사주려면 일 해야지~!
C : 또 이런다

마음속으로 위 3가지 답변이 떠오르지는 않았는가? 하지만 위에 답 말고 또다른 답변도 존재한다.

"그런 생각하게 해서 미안해..."

어떠한가? 위 A, B, C의 답변과 마지막 메시지의 차이는 무엇인가? 바로 상대방의 입장에서 생각과 감정을 공감하고, 질문의 의도가 무엇인지를 깊게 고민한 후에야 나올 수 있는 답변이다. 연인사이에서는 "내가 하고 싶은 말"이 먼저 나올 때가 많다. 하지만, 상대방의 입장을 먼저 고민하고 대화할 수 있는 힘이 필요하다.

마음 헤아리기가 중요하다

창훈은 아내가 독감에 걸리자 퇴근길에 미역국을 사왔다. 미역국을 팔팔 끓인 창훈은 아내에게 먹어보라고 권했다. "여보, 국물이라도 떠먹어봐. 그래야 약을 먹지!"

아내는 창훈의 재촉에 겨우 나오더니 몇 숟가락 뜨고는 일어났다. 창훈은 서운한 마음에 한마디 하고 말았다. "사 온 사람 성의를 봐서라도 좀 먹지."

이에 아내도 한마디를 한다. "왜 아픈 사람을 힘들게 해!" 아내는 먹으라고 재촉하는 창훈 때문에, 창훈은 미역국을 거들떠보지도 않는 아내 때문에 기분이 상했다.

또 다른 상황이다. 현지는 회사생활에 고민을 하고 있는 남자친구의 말을 들었다. 남자친구는 힘들게 들어간 회사를 1년도 안 돼서 그만두고 싶다고 했다.

"현지야, 나 더는 못 다니겠어. 너무 힘들어"

현지는 투정을 부리는 것이라 생각하고 남자친구를 위하는 마음에 조언을 해 주었다. "자기야, 자기만 힘든 거 아니야, 일은 원래 힘들어. 지금 그만두면 후회해."

잠시 후 남자친구는 입을 닫아버렸다.

인간관계에서는 상대를 위해 한 말이나 행동으로 좋은 소리를 듣기는 커녕 상처를 주는 경우가 비일비재하다. 인간관계로 고민하는 많은 사람들을 상담해온 정신건강의학과 의사 문요한은 인간관계에서 갈등이 끊이지 않는 이유가 '마음 헤아리기를 하지 못하기 때문이라고 말한다. 그의 저서 '관계의 언어'에서도 이를 잘 기술에 두었다. 상대방의 마음을 이해하는 방식에는 두가지가 있다고 한다. 바로 '마음 읽기'와 '마음 헤아리기'다. '마음 읽기'는 짐작으로 상대의 마음을 판단하는 것이다. 반면, '마음 헤아리기'는 판단을 유보하고 상대의 마음에 관심을 기울이는 것이다.

창훈이 아내가 미역국을 좋아할 것이라고 생각한 것과 현지가 남자친구가 투정부린다고 생각한 것은 '마음읽기'이다. '마음 헤아리기'까진 미치지 못한 행동이다. 마음 헤아리기의 방법은 간단하다. 바로 질문이다. 물어보는 것이다. 그러나 우리는 상대방을 안다고 생각하고 물어보지 않는 경우가 참 많다. 상대를 이해하기 위한 대화가 오가려면 '마음읽기'를 넘어 '마음 헤아리기'를 할 수 있어야 한다.

마음을 헤아리기 위해서는 3가지를 알아야 한다.

1. 서로의 마음이 다르다는 것을 인정한다.

사람들은 서로 함께 한 시간이 길수록 상대의 마음을 잘 안다고 생각한다. 하지만 실험 결과, 결혼 6개월 차 부부보다 2년 차 부부의 공감 정확도가 더 낮은 것으로 나타났다. 친한 친구 간의 공감 정확도도 40점을 넘지 못했다. 시간이 흐를수록 상대를 잘 안다는 고정관념에 갇혀 마음을 잘못 읽는 경우가 많기 때문이다. 관계의 초기에는 '나는 이것을 좋아하지만 상대는 싫어할 수 있다'는 점을 염두에 둔다. 그래서 늘 상대방이 좋아하는 게 무엇인지 묻는다.

관계가 오래되면 당연히 상대가 내 마음과 같을 것이라고 지레짐작하는 경우가 많다. 창훈의 아내는 왜 기분이 상했을까? 창훈의 배려가 '자기중심적'이었기 때문이다. 창훈은 자기 생각에만 빠져 있었다. '내가 이걸 사가면 아내가 좋아하겠지?' 마음 헤아리기가 작동했다면, 미역국을 사기 전에 아내에게 전화를 걸어 이렇게 물어보

앉을 것이다.

"지금은 몸이 어때? 뭐가 먹고 싶어?"
관계에서 중요한 건 자기중심적 노력이 아니다. 상대의 마음과 내 마음이 다르다는 것을 염두에 두고, 질문을 통해 상대의 마음을 헤아리는 것이다.

2. 바로잡기 반사를 멈춘다.

사람들은 사랑하는 사람이 힘들어하면 어떻게든 상대가 고통에서 벗어나게 하려고 조언하고, 충고한다. "너 제정신이야? 악착같이 버텨야지...!"
마음이 급하다 보니 무슨 일이 있었는지, 무엇 때문에 힘들어 하는지는 제대로 듣지 못하는 경우가 많다. 이럴 때 고통받는 당사자의 마음은 어떨까? "아무도 내마음을 몰라..." 이렇게 고통을 이해 받지 못한다는 느낌을 받기 쉽다. 고양이나 쥐처럼 고등동물은 어떤 상황에서도 '바로잡기 반사'를 보인다. 몸이 똑바로 서 있지 못할 때 정상적인 위치로 바로잡으려는 성향이 있다.
커뮤니케이션 전문가 이언 레슬리에 따르면 인간은 정신적인 측면에서도 '바로잡기 반사' 성향을 보인다고 한다. 가까운 사람들의 문제나 잘못을 즉각적으로 바로잡아주려는 반사적 행동을 한다는 것이다. "쓸데없는 생각 그만해. 그렇게 하면 안 돼." "그건 틀렸어, 다시 생각해봐."
상대의 문제를 바로잡아주려고 하기 전에 무슨 일이 있었는지, 무엇이 힘든 지 먼저 묻고 들어보는 것이 우선이다. "무슨 일이 있었어?" "뭐가 제일 힘들어?"

마음 헤아리기가 잘 되지 않는 것은 사랑이 부족해서가 아니라 너무 사랑해서일수 있다. 바로잡아주고 싶은 충동을 억제하고 상대의 이야기를 잘 듣는 것만이 사랑하는 사람의 마음을 헤아리는 유일한 방법이다.

3. 내 마음도 헤아려야 한다.

마음 헤아리기에서는 상대의 마음 뿐 아니라 자신의 마음에 관심을 기울이고, 헤아리는 것도 중요하다. 자신이 어떤 감정을 느끼며 그 감정이 무엇을 의미하는지를 알아야 상대방에게 내 마음을 표현할 수 있기 때문이다. 자신의 마음을 헤아리지 못하는 사람은 상대방에게 서운한 감정이 들 때, 그 감정을 부정적인 방식으로 표출한다. "여보, 나 아픈 거 안 보여?"

자신의 마음을 헤아릴 줄 아는 사람은 내가 서운한 이유가 무엇이고 상대에게 바라는 것은 무엇인지 정확하게 표현한다. "내가 아픈데 괜찮냐고 안 물어보니까 섭섭해."

말은 마음에서 비롯된다. 관계의 언어가 바뀌려면 관계를 맺는 마음부터 바뀌어야 한다.

＊

말은 마음에서 비롯된다.

관계의 언어가 바뀌려면
관계를 맺는 마음부터 바뀌어야 한다.

05

스토리의 힘, 메세지에 품격을 더하다

> 세상에서 가장 영향력있는 사람은 스토리텔러다.
> 스토리텔러는 앞으로 다가올 새로운 세대의 비전과 가치와 아젠다를 설정한다.
>
> *Steve Jobs* (애플 창업가)

01

잔소리는 머릿속에 짧게 남고
스토리는 오래 남는다

현대 사회에서 정보의 홍수 속에서도 스토리는 여전히 강력한 영향력을 지닌다. 스토리는 단순한 정보 전달을 넘어서, 메시지에 깊이와 품격을 더하며 청중과의 감정적 연결을 만들어낸다. 이 장에서는 스토리가 어떻게 메시지에 품격을 더하며, 그 중요성이 왜 점점 더 커지고 있는지 알아보고자 한다.

4년 전 결혼식 당일이었다. 이른 아침부터 결혼식 준비로 바빴고, 메이크업을 받는 도중 전화 한 통을 받았다. 결혼식을 돕는 컨설턴트의 전화였다. "신랑님, 5분 뒤에 신부님 부케 도착할 겁니다. 예쁜 결혼하세요." 전화를 받고 5분 뒤 부케가 도착했다. 메이크업을 마치고 도착한 부케를 보았다. 어리둥절한 상황이 펼쳐졌다. 아내가 요청한 부케가 아니었기 때문이다.

아내는 노랑색 꽃을 요청했는데, 보라색 꽃이 도착해 있었다. 뭔가 잘못되었음을 느끼고 웨딩 컨설턴트분께 연락을 걸었다. "컨설턴트님, 부케가 잘못 온 것 같습니다. 저희는 노랑색 꽃을 요청했는데 보라색 꽃이 왔어요." 이야기를 들은 컨설턴트 님께서 이렇게 답했다. "아 신랑님! 오늘 아침 평화시장에서 더 예쁘고 좋은 꽃이 나와서 제가 미리 빼두었어요. 보라색 꽃으로 보내 드렸어요. 추가 비용은 괜찮습니다. 예쁜 결혼하세요~"

바로 결혼식 당일 아침에 있었던 일이다. 한 가지 질문을 해보려 한다. 과연 웨딩 컨설턴트는 어떤 마음으로 보라색 꽃을 보냈을까? 사실 더 좋은 것을 주고 싶은 마음이었을 것이다. 그러나 정작 고객인 우리는 원하는 것을 받지 못했다.

이것을 사랑이라고 부를 수 있을까? 사랑이란 상대방이 원하는 것을 주는 것이다. 자기중심적인 생각이 아닌 상대방 중심적 생각을 통해 상대방이 원하는 것을 주는 것이 사랑이다. 오늘도 생각해본다. 나는 과연 일터에서 고객이 원하는 사랑을 주고 있는가? 나는 과연 가정에서 배우자가 원하는 사랑을 주고 있는가? 나는 과연 사회에서 이웃이 원하는 사랑을 주고 있는가?"

위 스토리는 실제 있었던 사건이다. "사랑은 상대방이 원하는 것을 주는 것"이란 메시지를 담고 있다. 만약 이 메시지를 누군가에게 전달해야 한다면 어떻게 효과적으로 전달할 수 있겠는가? 그 답은 바로 스토리에 있다.

인지심리학자 제롬 브루너(Jerome Bruner)에 따르면, 사람은 스토리를 통해 정보를 접할 때 22배나 더 잘 기억한다고 한다. 또한, 스토리는 기억에 남을 뿐 아니라 직접적으로 영향을 미친다. 감정이라는 롤러코스터에 태운 후 가장 높은 곳과 가장 낮은 곳으로 오르락내리락하게 만든다. 이렇게 마음을 졸였다가 풀었다가를 반복하면서 관객은 이야기에 매혹된다.

스토리 구성 요소, 3막 구조를 이해하자

연극의 막 구조는 연극이나 드라마의 전개 방식을 구성하는 기본적인 요소이다. 전통적인 연극에서 막(幕)은 이야기의 서로 다른 단계를 나누는 역할을 하며, 각각은 연극의 전체적인 흐름과 구조에 중요한 역할을 한다. 3막 구조 (Three-Act Structure)는 가장 전통적인 이야기 구조로 발단, 전개, 결말의 세 부분으로 구성된다. 이 구조는 많은 소설, 영화, 드라마에서 사용된다. 삼막구조를 이해하면 스토리를 구성하는데 큰 도움을 받을 수 있다. 각 단계는 다음과 같은 요소를 포함한다.

첫 번째는 발단이다. 이 단계에서는 이야기의 배경, 주요 캐릭터, 그리고 주요 갈등이 소개된다. 이 단계의 끝에는 주요 갈등이 확실히 드러나며, 이는 주인공이 행동을 취하게 만드는 중요한 시작이다. 이 막은 관객에게 이야기의 세계로 안내하고, 주요 인물들과 그들의 목표, 동기, 그리고 충돌하는 요소들을 소개한다.

두 번째는 전개이다. 이 단계에서는 주인공이 갈등을 해결하기 위해 도전하고, 그 과정에서 성장하거나 변화하는 모습을 보여준다. 이 단계는 종종 여러 하위 갈등을 포함하며, 이는 주요 갈등을 더욱 복잡하게 만든다. 일반적으로 연극에서 가장 긴 막이며, 주인공과 다른 인물들은 중요한 도전과 장애물에 직면한다. 여기서 인물들의 성장과 변화가 일어난다.

세 번째는 결말이다. 이 단계에서는 주요 갈등이 해결되며, 이야기가 마무리된다. 이 단계는 종종 주인공이 마지막 도전을 극복하고, 그 결과로 인해 얻은 교훈이나 인사이트를 보여준다. 이 막은 긴장의 최고조에 도달하며, 주요 충돌이 해결된다. 이야기는 결말을 맺으며, 인물들의 운명이 드러난다.

스토리를 구성할 때 3막 구조를 활용하면 구성에 도움을 받을 수 있다. 거창한 이야기가 아닐지라도, 일상의 이야기를 스토리 구성으로 이야기하는 훈련이 필요하다. 어제 저녁 가족과 식사하며 나눴던 이야기, 주말에 있었던 이야기, 프로젝트를 진행하며 발견한 이야기 등, 일상의 평범함을 특별함으로 만들 수 있는 방법은 스토리를 구성하고 그 안에 발단, 전개, 결말의 구성라인을 만들어 가는 것이다. 평범하다고 생각한 나의 이야기에 깨달음과 교훈이 더해져 누군가에게는 잔소리가 아닌 스토리로 오랫동안 기억에 남을 수 있는 메시지가 된다.

사건의 3요소
시간, 장소, 사람 순으로 이야기하라

스토리는 단순히 이야기를 전달하는 것이 아니라, 청중을 하나의 여정으로 초대하는 과정이다. 스토리의 사건을 구성하는 핵심 요소는 시간, 장소, 사람이다. 이 세 요소를 효과적으로 배열하는 것은 스토리의 명료성과 몰입도를 크게 향상시킨다. 사람들이 화자의 이야기에 주목하고 귀를 열게 하고 싶다면 반드시 시간, 장소, 사람 순서로 이야기해보기 바란다.

가장 먼저 시간은 스토리의 흐름을 설정한다. 시간은 스토리의 흐름과 속도를 결정한다. 스토리가 언제 일어나는지, 그리고 그 순간들이 어떻게 배열되는지는 스토리의 긴장감과 기대감을 조절하는 데 중요하다. 순차적인 시간 배열은 스토리를 따라가기 쉽게 하며, 시간을 거스르는 순서는 예상치 못한 반전과 깊이를 제공할 수 있다. 시간으로 이야기하는 순간 청자는 몰입하게 된다. 다음과 같이 스토리를 시간으로 시작해보라.

"지난 여름이었습니다."
"2주일 전이었습니다."

"작년 3월이었습니다."
"초등학교 3학년 때 일입니다."
"19살, 등교하던 아침이었습니다."
"제가 처음으로 현지를 만났을 때 일입니다"
"승진했을 때 일입니다."

시간으로 이야기하는 순간 청자는 몰입하게 된다.

시간 이후에 장소를 이야기하라. 장소는 스토리의 배경을 설정한다. 장소는 스토리가 펼쳐지는 무대다. 이는 스토리의 분위기와 주제에 깊이를 더하고, 인물들의 행동과 상황의 맥락을 제공한다. 장소는 환경적 맥락을 제공하고, 사건의 동기와 원인 파악에 도움을 주며, 어떤 사건의 영향과 결과를 예측할 수 있는 배경이 된다. 장소의 세밀한 묘사는 청중이 스토리의 세계에 더 깊이 몰입하게 만든다.

"석원이와 이른 아침 용인에 위치한 에버랜드에 갔습니다."
"천안에 위치한 30명 조직의 제조업 현장에 방문했습니다."
"신촌에 위치한 카페에서 초등학교 동창을 만났습니다."

장소 이후 사람을 만들어라. 사람 즉, 등장인물, 캐릭터다. 캐릭터는 이야기의 핵심을 이끌며, 관객이나 독자와 감정적 연결을 형성하는 주요 수단이다. 스토리에서 캐릭터는 단순히 사건을 진행시키는 도구가 아니다. 캐릭터는 이야기의 중심에 서서 사건들에 의미와 감정적 무게를 부여한다. 관객이나 독자는 캐릭터를 통해 스토리에 몰입하고, 그들의 감정, 도전, 성장을 경험한다. 캐릭터를 설정할 때, 그들의 성별, 나이, 특징은 물론, 배경, 동기, 성격 등을 구체적으로 설정하는 것이 중요하다. 이러한 요소들은 캐릭터를 실제감 있고 정교한 인물로 만들어, 관객이나 독자가 그들과 감정적으로 연결될 수 있도록 한다.

"석원이의 키는 175cm 정도 되고 덩치가 큽니다. 마동석 배우를 닮았습니다."
"깐깐하고 강한 피드백을 주기로 유명한 14년 차 김 차장님이라고 계셨습니다."
"김주현이라는 친구입니다. 27살이고 MBTI가 ENFP여서 재기발랄하고 뭐든 열정을 다해 재밌게 하는 친구입니다."

사건의 3요소, 시간, 장소, 사람으로 이야기를 시작하라. 사건은 스토리의 중심적인 요소로 이야기의 전개와 캐릭터의 변화를 이끈다. 사건들은 시간과 장소를 배경으로 캐릭터의 목표, 도전, 성취를 통해 스토리에 갈등과 해결을 제공한다. 사건의 순서와 연결성은 스토리의 일관성과 이해도를 높이는 데 결정적이다.

시간, 장소, 사람으로 구성된 사건의 예시를 살펴보자.

"3주 전이었습니다. 친구 석원이와 용인 에버랜드에 갔을 때 일입니다. 석원이는 배우 마동석씨를 닮았고 키도 185cm로 매우 건장한 친구입니다. 그런데 이 친구가 자주 덜렁대고 꼼꼼하지 못합니다. 아니나 다를까 입장권을 사려고 하는데 갑자기 석원이가 지갑이 없어졌다고 소리쳤습니다. "창훈아 나 지갑이 없어졌다!? 버스에 두고 내렸나봐… 어떡하지?" 우리는 114에 연락해 버스 분실물센터에 연락했습니다."

"작년 가을이었습니다. 천안에 위치한 30명 제조업 현장에서의 일입니다. 회사 대표님은 꼼꼼하시고 이 업계에서 실력 있는 분으로 소문난 분이셨습니다. 그런데 대표님께서 신입사원이 1년째 뽑히지 않는다고 푸념을 하셨습니다. 그리고는 헤드헌팅 전문 업체를 찾아보라고 말씀하셨습니다. 그렇게 찾은 4개의 업체 중 1곳과 미팅을 하기로 했습니다."

"지난 주 수요일, 신촌에 위치한 카페에서 동창을 만났습니다. 오랜만에 만난 고등학교 동창, 지혜가 결혼을 한다며 청첩장을 꺼냈습니다. 지혜는 매우 신중한 성격이었어서 결혼상대가 누구인지 궁금했습니다. 그런데 결혼 상대가 아는 인물이었습니다. 대학생 때 같은 학과의 절친한 친구였습니다. 너무 반가워 소리쳤습니다. 어 지혁이잖아!? 나 지혁이 잘 알아."

이처럼 시간, 장소, 사람 순으로 이야기하는 것은 상대방의 귀를 여는 강력한 방법이다. 시간으로 이야기하는 순간 스토리는 시작된다. "2년 전 여름이었습니다."라고 말하는 순간 바로 그 시간의 차원으로 들어가기 때문이다. 어떤 이야기부터 해야 할지 모르겠다면 시간부터 이야기하는 훈련을 해보기 바란다. 그러면 스토리를 자연스럽게 따라올 것이다.

스토리는 어둠과 빛이 공존하는 것이 중요하다

스토리는 인간 경험의 본질을 담아내는 강력한 도구이다. 이야기는 단순히 사건을 나열하는 것이 아니라, 감정적 여정을 통해 청중과 깊은 연결을 만든다. 이 과정에서 스토리의 '밝음'과 '어둠'은 서로 상반되면서도 필수적인 요소로 작용한다.

스토리에서 '밝음'은 희망, 긍정성, 성취 등을 상징한다. 이는 독자나 관객에게 영감을 주고, 목표 달성의 가능성을 보여준다. 예를 들어, 화자가 어려움을 극복하고 성공하는 이야기는 희망의 메시지를 전달한다. 이러한 긍정적인 요소는 사람들에게 동기를 부여하고, 긍정적인 변화를 추구하도록 격려할 수 있다. 반면, '어둠'은 도전, 갈등, 고난 등을 나타낸다. 이는 스토리에 긴장감과 현실감을 더하며, 인물들의 성장과 발전을 위한 배경을 제공한다. 갈등과 고난은 이야기에 깊이를 더하고, 인물들이 직면한 문제를 통해 청중이 공감하고, 감정적으로 연결될 수 있도록 한다.

밝음과 어둠이 공존하는 스토리는 더욱 풍부하고 현실적인 경험을 제공한다. 단순한 흑백논리를 넘어서, 인간 경험의 다양성을 포용하는 것이 중요하다. 이러한 균형 잡힌 스토리텔링은 청중에게 더욱 강력한 메시지를 전달하고, 더 깊은 영향을 미친다. 스토리에 힘을 더하는 중심에는 '취약성'이라는 강력한 요소가 있다. 취약성은 스토리를 구성함에 있어 종종 '어둠'으로 묘사되며, 이는 갈등, 실패, 두려움 등을 포함한다. 효과적인 스토리는 밝음과 어둠, 희망과 도전, 성공과 실패가 공존하는 것이다. 이러한 균형은 스토리를 더욱 현실적이고 감동적으로 만들며, 청중에게 더욱 깊은 인상을 남긴다. 화자의 스토리가 너무 밝기만 하면 청중들이 좋아할 것 같지만, 사실은 그렇지 않다. 태양을 계속 쳐다보면 눈이 부시고 점점 아파오듯, 너무 밝은 스토리와 메시지는 청중들로 하여금 눈살을 찌푸리게 한다. 그렇기에 이야기 속에서 밝음과 어둠이 조화를 이루며, 인간 경험의 복잡성과 아름다움을 드러내는 것이 스토리의 진정한 힘이다.

강력한 스토리는 어둠과 빛이 공존하는 것이다.
'축구를 하다 무릎 인대가 끊어져 수술 후 걷는 것의 소중함을 깨달은 스토리'
'갑작스러운 사고로 아버지를 잃고 방황하다 삶의 목적과 깨달음을 얻은 스토리'
'우울증과 공황장애를 안고 살아가다, 좋은 친구를 만나 회복하고 열정적인 삶을 살아가는 스토리'

우리의 삶에는 수많은 어둠이 있지만, 이 어둠을 뚫고 빛을 발견한 이야기들은 그 어둠만큼 힘을 갖게 된다. 취약성을 통해 스토리는 더욱 현실적이고 감동적으로 변모하며 청중에게 강력한 영향을 미친다. 스토리텔링에서 취약성의 힘을 이해하고 활용하는 것은 더욱 풍부하고 의미 있는 이야기를 만드는 데 필수적이라 할 수 있다. 밤하늘에 별이 밝게 빛날 수 있는 이유는 캄캄하게 깔린 어둠 때문이다. 우리 삶의 어둠은 결국 우리를 더 빛나게 한다.

02

스토리 구성 VSM 모델

자, 지금까지 스토리의 힘과 구성 요소와 원칙에 대해 알아보았다. 이제는 스토리로 상대방의 귀를 열고 설득할 수 있는 강력한 스토리 구성 모델을 소개하고자 한다. 바로 VSM 모델이다.

V(Value)는 이야기를 시작할 때 가치를 부여하는 것이다.
S(Story)는 사건으로 이야기하는 것이다.
M(Message)은 스토리의 메시지를 강조하는 것이다.

먼저 V(Value)는 이야기를 시작할 때 가치를 부여하는 것이다. 스토리 시작 전의 말은 청중에게 스토리의 방향과 의미를 암시한다. 이는 스토리의 톤을 설정하고, 청중의 관심을 집중시키며, 스토리의 중요한 주제나 메시지를 미리 예고한다. 예를 들어 "오늘 여러분에게 들려드릴 이야기는 용기와 희망에 관한 것입니다. 이 이야기를 들으시면 지금 고민하고 있는 많은 문제들이 해결될 수 있을 것입니다."와 같은 서두는 청중이 스토리에 대해 긍정적인 기대를 갖도록 만든다.

스토리를 시작하기 전의 말은 청중의 관심을 즉시 끌 수 있어야 한다. 그렇지 않으면 나의 이야기를 듣지 않기 때문이다. 현대 사회속에서 타인에 이야기에 관심을 가지기란 쉽지 않다. 청중은 본인에게 효익으로 여겨지지 않는 이야기는 듣지 않는다. 그러나 그 이야기가 나에게 도움이 되는 이야기, 가치 있는 이야기라면 말은 달라진다. 이는 가치를 더하는 강력한 질문, 흥미로운 사실, 놀라운 통계 등을 통해 이루어질 수 있다. 이러한 접근은 청중이 스토리에 깊이 몰입하도록 유도한다.

"지현아, 대박인 이야기가 있어! 내가 진짜 재밌는 이야기 하나 해줄까?"
"하버드대학 연구진이 75년 동안 연구한 행복의 비밀이 뭔지 알아?"
"제가 정말 힘들고 어려운 시기 때 극복할 수 있었던 방법이 있습니다.
그게 뭐냐면요."
"나에게 정말 소중한 책이 있어. 이 책은 아무에게나 잘 알려주고 싶지 않아.
20번이나 정독했어. 덕분에 매출을 3배나 높일 수 있었어. 이 책이 뭐냐면~"

어떠한가? 궁금하지 않은가? 가치가 더해진 메시지는 청자에게 호기심을 불러 일으킨다. 말의 가치 부여는 청중이 스토리에 대해 갖게 될 기대감을 형성하는 데 중요하다. 따라서 화자는 청중이 스토리에 대해 어떤 기대를 갖게 할지, 어떤 감정적 반응을 불러일으킬지를 고려해야 한다. 내가 말하고 싶은 말 이전에 상대방이 가치있게 여길만한 핵심은 무엇인지를 먼저 이야기해야 한다.

가치를 더하는 말로 시작했다면 다음은 S(Story) 스토리이다. 스토리는 시간, 장소, 사람 순으로 이야기하는 것을 잊지 말자.

"2일 전이었어요. 시간 대학교 동창을 만나러 신촌에 위치한 1994 Cafe에 갔는데요. 사방의 인테리어가 하얗고 예쁜 곳이었어요. 장소 저녁 6시가 되자 그곳에서 밴드공연이 시작되었어요. 그런데 밴드에서 드럼을 맡고 있던 분이 제가 알고 있는 분이었어요. 대학생 때 같은 동아리에서 만난 박원석이라는 친구였습니다. 사람 제주도에서 올라온 친구였는데 매우 적극적이었어요. 그런데 신기한 게 뭐였냐면요~~"

"3일전 고객사와의 미팅 때 일입니다. 시간 영업관련해서 양주에 위치한 김치 회사를 방문했습니다. 산속 깊은 곳에 공장이 있었습니다. 장소 고객사에서는 3명, 저희는 2명이 사무실에 모여 프로젝트 방향성에 대한 논의를 하는 상황이었습니다. 그때 고객사의 김준수 차장님이라는 분이 계셨습니다. 이분은 14년 차 영업 팀장님이셨고 5명의 팀원과 함께 일하고 계셨습니다. 사람 그런데 이 분이 콧노래를 부르며 행복한 미소를 띄셨습니다. 그래서 제가 이렇게 물었습니다. "김 차장님 콧노래까지 부르실 좋은 일이 있으신 가봐요?" 김차장님이 미소를 지으며 말씀하셨습니다. "제가 이제 곧 아빠가 됩니다. 너무 기뻐요""

"주혁 팀장님, 작년 말 제가 팀장이 처음 되었을 때 일이에요. 시간 회사 사무실에서 5명의 팀원과 처음으로 모였습니다. 장소 당시 신규 프로젝트의 성과를 내야 하는 상황이었어요. 그때 3년 차 김지현 대리님이 제게 질문했습니다. 사람 '팀장님이 명확한 목표와 전략을 알려주시면 좋겠습니다.' 그 말을 듣는 순간 아찔했습니다. 저도 방향성을 잘 모르기도 했고, 사실 저도 팀 운영은 처음이었으니까요. 어쩌다 팀장이 되다 보니 어려움이 많았어요. 팀원들을 대하는 방법이나 프로젝트 관리 역량이나 리더십이 참 부족했던 시기였습니다. 또 다른 팀원이신 5년 차 민주대리님이 제게 이런 말을 해 주셨어요. '팀장님, 누구나 처음에는 부족 할 수 있습니다. 팀장님과 함께할 수 있어서 기쁩니다. 함께 팀을 멋지게 이끌어봐요.' 그때 제가 정말 큰 위로와 격려를 받았습니다. 주혁 팀장님에게도 지금 제가 받았던 위로와 격려를 해주고 싶어요."

이처럼 시간, 장소, 사람의 요소를 나열하면 자연스럽게 사건이 나오게 된다. 누군가와 소통을 할 때 설득하거나 피드백을 주거나 칭찬과 격려를 할 때도 모두 스토리를 사용할 수 있다. 일상에서 일어나는 사건들을 스토리로 전달해보자.

마지막은 M(Message) 메시지다.
스토리는 단순한 이야기 전달을 넘어, 청중에게 깊은 영향을 미치는 메시지를 전달하는 힘을 갖고 있다. 스토리의 결말에서 전달되는 메시지는 청중의 마음에 오래 남으며, 그들의 생각과 행동에 영향을 줄 수 있다. 메시지는 스토리를 포장하는 리본과도 같다. 스토리의 결말에서 던지는 메시지는 스토리의 핵심적인 교훈을 담고 있다. 메시지는 청중에게 스토리를 통해 얻은 깨달음을 제공하며, 그들이 일상 생활에서 이 교훈을 어떻게 적용할 수 있을지를 보여준다.

"나는 주혁씨가 포기하지 않고 도전했으면 좋겠어! 아직 청춘이잖아!"
"저는 지현씨를 믿어요. 분명 잘 해낼 거라 믿습니다."
"지금 김대리님이 겪는 어려움을 극복하면 주변사람들의 도울 수 있는 단단한 힘이 분명 생기실 겁니다"

VSM 모델을 활용한 스토리 예시도 살펴보자.

V(가치부여) :
삶을 행복하고 건강하게 살 수 있는 비밀을 알게 되었습니다. 제가 하나 알려드릴까요?

S(스토리) :

2개월 전 한 제약회사를 방문했을 때 일입니다. 특강 차 방문했던 제약회사에서 한 차장님을 만났습니다. 차장님께서 특강을 마치고 제게 알려주신 내용이 매우 흥미로웠습니다. 신약을 개발하는데 걸리는 시간이 최소 10년, 비용은 최소 1,000억이 든다는 것이었습니다. 그 중 아직 개발되지 않은 신약 성분이 있다고 했습니다. 바로 '다이돌핀' 이라는 호르몬이었습니다. 다이돌핀은 진통과 항암작용, 면역력을 강화해주는 엔돌핀보다 4,000배 강력한 호르몬이라고 하셨습니다. 정말 어마어마한 힘을 가진 호르몬이었습니다. 그런데 더 놀라운 이야기는 이 다이돌핀이 언제 나오는지 아냐는 질문이었습니다. 다이돌핀 호르몬은 인간이 깨달음을 얻었을 때, 감동을 받았을 때, 감사한 마음을 가졌을 때 나온다고 했습니다. 그래서 좋은 책, 좋은 강연, 좋은 사람들을 만나야 한다는 것이었죠. 새로운 자극을 통해 깨닫고, 감동을 받고, 감사한 마음을 많이 가질 수 있기 때문이라는 것이었습니다.

M(메시지) :

결론은 우리가 행복하고 건강하게 살기 위해서는 해보지 않은 일들에 도전해서 새롭게 깨닫고, 감동을 느끼고, 감사할 수 있는 것들을 찾아 내 삶에 적용시켜야 함을 알았습니다. 여러분, 새로운 것에 도전합시다. 배웁시다. 깨달읍시다. 감사합시다. 우리의 삶이 더욱 행복하고 건강해질 것입니다!

Epilogue

메시지의 품격은 삶으로 증명된다

1년 전, 강남의 한 스타트업을 이끄는 김 대표님을 만났다. 30명이 근무하는 유통업체의 CEO로 매우 유쾌하신 분이셨다. 7층에 위치한 사무실에서 차를 마시며 대화를 나누었다. 대화 중 김 대표님은 다음과 같이 말씀하셨다.

"저는 회사를 창립한 이후로 화법에 대한 책도 많이 읽고 강연도 많이 들었습니다. 그래서 평소 화법에 자신이 있었습니다. 항상 자신감 있고 따뜻한 화법으로 팀을 이끌어왔습니다. 그런데 한 신입사원이 '대표님의 말은 듣기 좋지만, 실제로는 그렇게 행동하지 않는 것 같습니다.' 라고 말했을 때, 큰 충격을 받았습니다. 이것은 제 리더십에 대한 깊은 성찰의 시작이었습니다."

김 대표님은 자신의 말과 행동 사이에 일관성이 부족하다는 것을 인지하고 변화를 결심했다. 일상적인 대화에서 직원들의 의견을 더 많이 경청하고, 그들의 생각을 존중하기 시작했다. 실제로 말뿐이 아닌 행동하는 리더가 되기 위해 노력했다. 변화는 일상 생활에서도 이어졌다. 김 대표님은 가족과의 시간도 중요하게 여기며, 가정에서도 소통과 경청의 자세를 보이셨다. 그는 회사에서뿐만 아니라 가정에서도 존경받는 리더로 자리매김하고자 했다. 이러한 변화를 통해 김 대표님은 직원들의 신뢰를 더욱 강화하였고, 그의 리더십은 진정한 의미를 갖게 되었다. 회사 내부에서는 진정한 팀워크와 협력이 형성되었으며, 이는 성과의 향상으로도 이어졌다.

김 대표님의 이야기는, 리더의 말과 행동이 일치할 때 진정한 리더십이 탄생한다는 중요한 교훈을 우리에게 전달한다. 이 책의 마지막 장을 덮으며 독자 여러분이 자신의 삶과 언어가 일치하는 방식을 찾아 나가길 바란다. 김 대표님처럼 말과 행동이 조화를 이루는 순간 당신의 메시지는 그 어떤 것보다 강력한 힘을 발휘할 것이다. 메시지의 품격이 곧 삶의 품격이 되는 순간, 진정한 리더십이 탄생한다.

　언어는 그 자체로 강력한 힘을 가진다. 하지만 그 힘이 진정으로 발휘되기 위해서는 말하는 사람이 '말할 자격'을 갖추어야 한다. 이 자격은 학식이나 지위에서 오는 것이 아니다. 그것은 오히려 말과 행동이 일치하는 성실성, 진정성에서 비롯된다. 리더가 어떻게 살아가는지, 그들이 표방하는 가치가 실제 행동과 어떻게 연결되는지가 중요하다. 이 책에서 우리는 리더가 직원들에게 어떻게 말해야 하는지를 배웠다. 하지만 그보다 더 중요한 것은 리더가 어떤 삶을 살아가는 가이다. 리더의 말이 단순히 지나가는 소리에 그치지 않고, 신뢰와 존경의 원천이 되려면 그들의 삶 자체가 메시지가 되어야 한다. 말과 삶이 일치되는 삶, 그것이 진정한 리더십의 핵심이다.

　결국, 메시지의 품격은 삶의 품격과 동일하다. 리더는 말뿐만 아니라 삶으로도 본보기가 되어야 한다. 언어를 통해 전달하려는 그 가치가 그들의 존재 자체에서 빛나는 순간 리더의 메시지는 진정한 힘을 발휘한다. 이 책이 여러분의 리더십 여정에서 의미 있는 나침반이 되길 바라며 여러분 각자가 가진 특별한 메시지들을 세상에 전달하기를 기대한다. 메시지의 품격은 곧 삶의 품격이다.

Appendix

(1) 스토리 구성 VSM모델

(2) 메시지에 품격을 더하는 10가지 체크리스트

Appendix 01
스토리 구성 VSM 모델

양식 소개

상대방이 듣게 만드는 스토리 구성 모델을 제시한다. 바로 VSM모델이다. VSM은 *Value, Story, Message*의 줄임말이다.

V : Value는 이야기를 시작할 때 가치를 부여하는 것이다.
S : Story는 사건으로 이야기하는 것이다.
M : Message는 스토리 마지막에 메시지를 던지며 마무리하는 것이다.

가치를 부여하며 시작하는 것, 사건으로 말하는 것, 메시지를 던지며 마무리하는 것으로 구성한다. 스토리, 즉 이야기에는 힘이 있다. 분명 일상에서 마주하는 사건들이 이야기로 전달될 때 강력한 힘을 가질 것이다. 잔소리는 머릿속에 짧게 기억되지만 스토리는 오래 기억된다. 상대방의 몰입을 이끌어내는 강력한 이야기로 말하고 싶다면 스토리 구성 VSM모델에 집중해보자.

작성 방법

먼저 *V(Value)*는 이야기를 시작할 때 가치를 부여하는 것이다.

스토리 시작 전의 말은 청중에게 스토리의 방향과 의미를 암시한다. 이는 스토리의 톤을 설정하고, 청중의 관심을 집중시키며 스토리의 중요한 주제나 메시지를 미리 예고한다. 예를 들어, "오늘 여러분에게 들려드릴 이야기는 용기와 희망에 관한 것입니다. 이 이야기를 들으시면 지금 고민하고 있는 많은 문제들이 해결될 수 있을 것입니다."와 같은 서두는 청중이 스토리에 대해 긍정적인 기대를 갖도록 만든다.

가치를 더하는 말로 시작했다면 다음은 *S(Story)* 스토리이다.
스토리로 이야기해야 한다. 스토리는 시간, 장소, 사람 순으로 이야기하는 것을 잊지 말자. 이처럼 시간, 장소, 사람의 요소를 나열하면 자연스럽게 사건이 나오게 된다. 누군가와 소통을 할 때 설득하거나 피드백을 주거나 칭찬과 격려를 할 때도 모두 스토리를 사용할 수 있다. 일상에서 일어나는 사건들을 스토리로 전달해보자.

마지막은 *M(Message)* 메시지다.
스토리는 단순한 이야기 전달을 넘어, 청중에게 깊은 영향을 미치는 메시지를 전달하는 힘을 갖고 있다. 스토리의 결말에서 전달되는 메시지는 청중의 마음에 오래 남으며, 그들의 생각과 행동에 영향을 줄 수 있다. 메시지는 스토리를 포장하는 리본과도 같다. 스토리의 결말에서 던지는 메시지는 스토리의 핵심적인 교훈을 담고 있다. 메시지는 청중에게 스토리를 통해 얻은 깨달음을 제공하며, 그들이 일상 생활에서 이 교훈을 어떻게 적용할 수 있을지를 보여준다.

영역별로 구조화된 칸에 내용을 작성하기 전 예시를 먼저 보기 바란다. 먼저 내가 '하고싶은 말'이 무엇인지를 작성한다. 그 다음으로는 상대방이 관심을 갖도록 만드는, 상대방이 느끼기에 기대감을 심어줄 수 있는 '가치'를 이야기한다. 그리고 나서 사건으로 이야기를 시작한다. 사건의 구성요소는 시간, 장소, 사람이다. 메시지에 관련한 사건을 작성해 보고 마지막 핵심 메시지를 작성하면 마무리된다.
작성에서만 끝나면 안 된다. 반드시 입 밖으로 꺼내는 실행이 필요하다. 실행! 실행! 실행! 먼저는 눈으로 보고, 소리를 내어 읽어보고, 그 다음은 보지 않고 이야기해 보는 연습을 해보기를 바란다.

VSM 작성카드

작성일 　　작성자

하고 싶은 말 :

Value
가치를 부여하기

Story
사건으로 말하기

Message
메시지 강조하기

VSM 작성카드 [Sample]

작성일 2024.04.05　**작성자** 손창현

하고 싶은 말 : 열심히 하는 것 이전에 어떤 의미가 있는지 발견하게 가면 좋겠어요.

Value 가치를 부여하기

삶에서 가장 힘들었던 시기에 마음을 다잡고 다시 일어났던 시간이 있어요.

Story 사건으로 말하기

그날 첫 겨울이었어요. 피주에 위치한 집에서 아르바를 보고 있었습니다.
그 때 인자(?)하지하(?)이신 김영실 교수님이 아르바를 방문해주셨습니다.
"일과 삶에 지친 당신이라면?" 이라는 제목이었습니다.
우리가 삶에 번아웃이 올 때 사실은 무해져으로 지쳤을 때가 아니라고 하시더라고요.
번아웃은 무채쳐 탈진이 아닌 '의미상실' 에서 내려왔다고 하셨습니다. 일터라면 일이 의미를 발견하지 못하거나,
누군가에게 피드백과 인정을 지속적으로 받지 못했을 때 나타나는 현상이라고 하더라고요. 거답이었습니다.
지금 내 삶에 필요한 건 일상 이전에 의미를 발견하는 거였구나. 의미를 발견해야 한다.

Message 메시지 강조하기

머리로, 몸으로, 열심히 하는 것도 중요합니다. 그러데 그것을 왜 하느냐는 더 중요합니다.
이유를 발견하십시오. 그리고 일상을 다해 해봅시다. 누구보다 값진 삶을 살아낼 수 있을 것입니다.

Appendix 02
메시지에 품격을 더하는 10가지 체크리스트

> **양식 소개**

　메시지의 품격을 쓰면서 다양한 책과 논문을 연구했다. 그리고 알게 된 사실이 있다. 메시지의 품격이 느껴지는 10가지의 특징이 있다는 점이었다. 나의 메시지를 10가지 체크리스트 형태로 진단해 보고 강화해야 할 점을 발견하기 바란다. 언어에 완벽이란 없다. 대상과 목적이 다르기 때문에 그렇다. 그럼에도 많은 리더들이 언어역량 향상을 위한 노력을 하고 있다. 품격 있는 메시지의 특징을 확인해보고 우리의 메시지에 품격을 더해보자.

> **진단 방법**

　영역별로 구조화된 10개 문항에 대해 답변을 할 때는 각 문항의 지문을 읽고 순차적으로 점수를 표기하면 된다. 1~5점 중 본인에게 해당하는 점수를 체크한다. [1점은 매우 아니다/ 2점은 아니다/ 3점은 보통이다/ 4점은 그렇다/ 5점은 매우 그렇다]를 의미한다. 문항의 지문을 읽고 점수를 표기할 때는 이상적인 모습이나 과거의 모습이 아닌, 현재의 모습을 기준으로 작성하기 바란다. 최종적으로 나온 점수를 기반으로 지속/발전할 점과 보완/개선할 점을 작성해 보기 바란다.

주의사항

첫째,
진단은 언어의 수준을 평가하는 것이 아니다.
따라서 점수가 낮게 나왔다고 실망할 필요가 없다.

둘째,
진단은 나의 언어의 현재상태를 분석하여 향후 더 나은 언어로 만들어가는 것에
의미가 있다. 따라서 다른 사람과 비교하거나 평가하지 않아야 한다.

셋째,
한꺼번에 모든 것을 바꿀 수는 없다. 본인의 시간과 에너지에 맞게
순차적으로 강화해가기 바란다.

언어 진단도구, 메시지의 품격을 더하는 10가지 체크리스트를 통해 나의 언어 상태를 객관적으로 파악하고 무엇을 단계적으로 실행해 가야 하는지 인사이트와 적용점을 얻어 가기 바란다.

메시지에 품격을 더하는 10가지 체크리스트

• 다음 항목을 읽고 자신에게 해당되는 점수를 체크하십시오. 1 (매우 아니다) / 2 (아니다) / 3 (보통이다) / 4 (그렇다) / 5 (매우 그렇다)

항목	내용	점수
긍정	가능한 부정어보다 긍정적 표현을 사용하여 대화의 긍정적 분위기를 조성합니다.	
유머	유머를 적절히 사용하여 대화의 긴장을 완화하고 친근감을 조성합니다.	
밝은 점	상황 속에 숨겨진 밝은 점을 발견하고 상대방에게 전달합니다.	
경청	상대방의 말을 주의 깊게 들으며 이해하고 있다는 리액션을 합니다.	
격려	상대방에게 존중과 진정성을 바탕으로 격려와 인정을 합니다.	
안전감	상대방이 편안하게 이야기를 할 수 있도록 분위기를 조성합니다.	
사실 중심	말하는 내용이 논리적이고 사실에 기반한 근거를 포함합니다.	
진실성	본인에게 신념이나 가치에 위배되지 않는 진실한 메시지를 전달합니다.	
일관성	말하는 것과 일치하는 삶을 살아 행동과 메시지의 일관성을 보여줍니다.	
목적 인식	대화의 목적은 상대방을 이기기보다 그들의 마음을 얻는 것임을 인지합니다.	

10~20점	21~25점	26~35점	36~45점	46~50점	총점
보완	미흡	보통	좋음	최고	

가장 높은 항목
적용할 점
:
지속/발전할 점
:

가장 낮은 항목
적용할 점
:
보완/개선할 점
:

메시지에 품격을 더하는 10가지 체크리스트 [Sample]

• 다음 항목을 읽고 자신에게 해당되는 점수를 체크하십시오. 1 (매우 아니다) / 2 (아니다) / 3 (보통이다) / 4 (그렇다) / 5 (매우 그렇다)

항목	내용	점수
긍정	가능한 부정어보다 긍정적 표현을 사용하여 대화의 긍정적 분위기를 조성합니다.	4
유머	유머를 적절히 사용하여 대화의 긴장을 완화하고 친근감을 조성합니다.	4
밝은 점	상황 속에 숨겨진 밝은 점을 발견하고 상대방에게 전달합니다.	4
경청	상대방의 말을 주의 깊게 들으며 이해하고 있다는 리액션을 합니다.	5
격려	상대방에게 증거에 진정성을 바탕으로 격려와 인정을 합니다.	4
안전감	상대방이 편안하게 이야기를 할 수 있도록 분위기를 조성합니다.	5
사실 중심	말하는 내용이 논리적이고 사실에 기반한 근거를 포함합니다.	3
진실성	본인에 신념이나 가치에 위배되지 않는 진실한 메시지를 전달합니다.	2
일관성	말하는 것과 일치하는 삶을 살며 행동과 메시지의 일관성을 보여줍니다.	2
목적 인식	대화의 목적은 상대방을 이기기보다 그들의 마음을 얻는 것임을 인지합니다.	2

10~20점	21~25점	26~35점	36~45점	46~50점	총점
보완	미흡	보통	좋음	최고	35

적용할 점

가장 높은 항목 : 경청

지속/발전할 점 :
경청과 칭찬을 꾸준히 하겠습니다.
더욱 관심을 갖고 구체적인 증거가 있는
칭찬을 하려고 더욱 노력하겠습니다.

가장 낮은 항목 : 목적 인식

보완/개선할 점 :
상대방에게 무엇인가를 알려줘야 할 것 같은
부담감이 있어서 내가 하는 말을 맞추려고 하는 것을
가요로 적이 있었습니다. 들일 것이 아니 다른 것
임을 이야기고 대화해 가겠습니다.

The Dignity of Message